O QUE
O CEO QUER
QUE VOCÊ
SAIBA

O QUE O CEO QUER QUE VOCÊ SAIBA

DESCUBRA COMO A SUA EMPRESA REALMENTE FUNCIONA

RAM CHARAN

SEXTANTE

Título original: *What the CEO Wants You to Know*

Copyright © 2017 por Ram Charan
Copyright da tradução © 2019 por GMT Editores Ltda.
Tradução publicada mediante acordo com Crown Business, um selo de The Crown Publishing Group, uma divisão da Penguin Random House LLC.

Todos os direitos reservados. Nenhuma parte deste livro pode ser utilizada ou reproduzida sob quaisquer meios existentes sem autorização por escrito dos editores.

tradução: Ivo Korytowski
preparo de originais: Tássia Carvalho
revisão: Luis Américo Costa e Raïtsa Leal
diagramação: Ana Paula Daudt Brandão
capa: Jake Nicolella
adaptação de capa: Gustavo Cardozo
impressão e acabamento: Lis Gráfica e Editora Ltda.

CIP-BRASIL. CATALOGAÇÃO NA PUBLICAÇÃO
SINDICATO NACIONAL DOS EDITORES DE LIVROS, RJ

C433q	Charan, Ram
	O que o CEO quer que você saiba / Ram Charan; tradução de Ivo Korytowski. Rio de Janeiro: Sextante, 2019.
	160 p.; 16 x 23 cm.
	Tradução de: What the CEO wants you to know
	ISBN 978-85-431-0828-5
	1. Liderança. 2. Criatividade nos negócios. 3. Motivação no trabalho. 4. Sucesso nos negócios. I. Korytowski, Ivo. II. Título.
19-58417	CDD: 658.4092
	CDU: 005.322:316.46

Todos os direitos reservados, no Brasil, por
GMT Editores Ltda.
Rua Voluntários da Pátria, 45 – 14º andar – Botafogo
22270-000 – Rio de Janeiro – RJ
Tel.: (21) 2538-4100
E-mail: atendimento@sextante.com.br
www.sextante.com.br

*Dedicado aos corações e às almas da família de
12 irmãos e primos que viveram sob o mesmo teto por
50 anos, cujos sacrifícios pessoais tornaram possível
minha educação formal.*

SUMÁRIO

PARTE I
A LINGUAGEM UNIVERSAL DOS NEGÓCIOS

1. Como este livro pode ajudar você — 11
2. O que os melhores CEOs e os vendedores ambulantes compartilham: a essência do pensamento empresarial — 19
3. Toda empresa é igual por dentro: quatro coisas que toda companhia, em qualquer lugar, precisa dominar — 33
4. O negócio em sua totalidade — 63

PARTE II
VISÃO DE NEGÓCIOS NO MUNDO REAL

5. Complexidade do mundo real: definição do caminho e das prioridades — 73
6. De ganhar dinheiro a criar riqueza — 81
7. Juntando tudo: como a Amazon ganha dinheiro — 99

PARTE III
UMA VANTAGEM NA EXECUÇÃO

8. Expandir a capacidade por meio de execução impecável — 111
9. Sincronização — 133

PARTE IV
SUA AGENDA PESSOAL

10. Sua parte no quadro geral — 147
    Agradecimentos — 157

PARTE I

A LINGUAGEM UNIVERSAL DOS NEGÓCIOS

1
COMO ESTE LIVRO PODE AJUDAR VOCÊ

Pense em seu tempo de escola e no melhor professor que você já teve. Aquele que parecia dominar a matéria e que detinha algo que faltava aos demais: a capacidade de sintetizar os elementos mais complicados da matéria de tal modo que você de fato a compreendesse.

Outros professores talvez tivessem conhecimentos mais profundos do conteúdo ou até ostentassem currículos melhores, mas não conseguiam acender a lâmpada na cabeça dos alunos. Em vez de simplificar algo complexo, tornavam ainda mais difícil o entendimento do assunto.

Estou no mundo dos negócios há mais de 50 anos. Na verdade, essa trajetória começou ainda na infância, quando eu vivia na pequena sapataria da minha família na Índia. Em seguida, trabalhei como engenheiro na Austrália, depois me mudei para os Estados Unidos, onde cursei a Harvard Business School e lecionei na Kellogg School of Management, da Universidade Northwestern, e na Universidade de Boston. Concluído esse percurso, tenho aconselhado CEOs e trabalhado em diretorias de grandes e pequenas empresas do mundo todo. Durante esse tempo, observei que os melhores CEOs se assemelham aos melhores professores, isto é, são capazes de remover a complexidade e o mistério dos negócios, focando nos fundamentos da obtenção de lucros. Além disso, certificam-se de que todos na empresa, não apenas os altos executivos, entendam os elementos básicos do negócio.

Talvez você diga que eles agem movidos por interesse próprio, afinal, a empresa alcança mais sucesso quando todos conhecem seu funcionamento. No entanto, não é só o CEO que se beneficia disso, pois todos se sentem mais conectados e satisfeitos com o trabalho quando realmente entendem como a organização funciona. Desse modo, à medida que os lucros da empresa crescem ano após ano, os CEOs ampliam as oportunidades de expansão das próprias carreiras e, ao mesmo tempo, a empresa pode contribuir de modo mais efetivo para a comunidade. Esse princípio também se aplica a uma organização sem fins lucrativos ou a um órgão governamental. (Veja o quadro adiante.) É por isso que os melhores CEOs se empenham tanto em explicar as coisas. Portanto, eu gostaria de compartilhar o que você precisa saber para aprender, crescer e contribuir não apenas para a organização, mas para o mundo em que vivemos.

É bem mais fácil do que você pensa

Os negócios são bastante simples e lógicos. Existem princípios universais que se aplicam tanto à venda de frutas numa barraca de feira quanto à direção de uma empresa de grande porte. Afinal, toda organização precisa servir os clientes, gerir o dinheiro com eficácia, usar os ativos de maneira sensata e crescer constantemente.

Esses são os conceitos básicos. E esses elementos fundamentais estão presentes em qualquer negócio de qualquer parte do mundo, independentemente das diferenças de cultura, idioma ou regulamentação governamental existentes. Sempre foi assim. Pense de novo em seu tempo de escola. Depois de entender que o átomo é constituído de prótons, nêutrons e elétrons, você já tinha os fundamentos para resolver qualquer problema de química.

ESPERE AÍ! ISSO TAMBÉM SE APLICA ÀS ORGANIZAÇÕES SEM FINS LUCRATIVOS, ONGS E ÓRGÃOS GOVERNAMENTAIS?

Às vezes, as pessoas se surpreendem quando afirmo que *todos* precisam entender os fundamentos dos negócios. Alegam, por exemplo, que trabalham num órgão governamental, numa ONG (organização não governamental) ou, ainda, numa organização sem fins lucrativos (como uma instituição de caridade ou um grupo de voluntários) e que, portanto, essa discussão não se aplica a elas.

Mas se aplica, sim, embora parte da terminologia seja diferente.

Pensemos apenas em um dos quatro fundamentos de qualquer organização: gerir o dinheiro com eficácia. É verdade que a finalidade de ONGs e entidades filantrópicas não é gerar lucro, mas ainda assim precisam garantir que haja dinheiro suficiente para seu funcionamento. Uma organização sem fins lucrativos costuma receber esse dinheiro por meio de doações, enquanto os órgãos governamentais recebem verbas.

Como as empresas com fins lucrativos, as ONGs e os órgãos governamentais também precisam administrar bem o dinheiro. Senão, uma instituição de caridade, por exemplo, pode deixar de existir; um órgão governamental, ser reorganizado ou fechado.

A conclusão é simples: todos nós, independentemente de nossa área de atuação, seremos mais bem-sucedidos no trabalho se aprendermos como as ferramentas para ganhar dinheiro se aplicam a nossas organizações.

Repare que a mesma lógica se aplica aos negócios: quando você conhece os fundamentos, consegue compreender os conceitos básicos do funcionamento de *qualquer* empresa.

Assim, meu objetivo ao escrever este livro foi compartilhar com você minha experiência de anos analisando como pensam e agem algumas das pessoas mais bem-sucedidas do mundo dos negócios. Você descobrirá o que elas fazem para que suas empresas – e seus colaboradores – atinjam a excelência.

QUANDO ESCREVI QUE O CEO QUER QUE VOCÊ SAIBA ISSO, ESTAVA FALANDO SÉRIO

Talvez você se interesse pelas origens deste livro.

Jacques Nasser, então CEO da Ford, desejava que os funcionários soubessem mais do que o estritamente necessário para fazerem bem o seu trabalho. Ele queria que conhecessem todo o processo, a ponto de entenderem todas as utilidades de suas contribuições e como poderiam ajudar a empresa inteira, não apenas um departamento específico.

Então Nasser me pediu que ministrasse um curso para algumas centenas de gerentes. No terceiro dia, sentou-se no fundo da sala e, no intervalo, me disse:

— Isso é exatamente o que quero, mas vai levar muito tempo para ensinar a todos. Portanto, quero que você escreva um livro simples e claro apresentando tudo que vai abordar aqui.

Foi o que fiz.

Os melhores CEOs e os vendedores ambulantes pensam do mesmo modo. Ambos conhecem a própria situação financeira, sabem quais são seus artigos mais rentáveis, entendem a importância de manter o índice de venda dos produtos e conhecem seus clientes, cuja satisfação, em última análise, é o que os mantém no negócio.

O seu CEO quer que você compreenda como esses fundamentos funcionam – *e funcionam conjuntamente* – em sua organização. Invista algumas horas na leitura deste livro e entenderá o que quero dizer. Depois disso, não haverá limites para onde você pode chegar na sua carreira.

Antes de começarmos

Embora este livro se destine a todos que desejam aprofundar seus conhecimentos sobre os fundamentos dos negócios, precisamos falar especificamente de dois grupos.

O primeiro, conhecido como *millennials* ou *geração Y*, é formado por pessoas nascidas entre 1982 e 2000 e constitui o maior grupo que já existiu, superando numericamente a geração anterior, dos *baby boomers*. Hoje essa geração, propulsora da revolução digital, já se faz bastante presente na força de trabalho; são pessoas que, entendendo o funcionamento das empresas, logo assumirão altos cargos de liderança nas organizações.

Embora as empresas estejam em constante mudança, os conceitos básicos não se alteram.

O segundo grupo, de *vendedores B2B* (que vendem de empresa para empresa), coloca em andamento uma tendência que certamente vai se alastrar. Rob Bernshteyn, CEO da Coupa – empresa de software de "gestão de gastos" baseada na nuvem –, a chama de "valor como serviço". Isso significa que toda organização deve fornecer ao cliente algo que lhe proporcione uma melhoria quantificável: seja reduzindo custos, desenvolvendo novos líderes, aumentando a receita e a retenção de funcionários, e assim por diante.

Nos próximos anos, todo comprador corporativo dirá: "Quer que eu compre o seu produto? Ótimo. Aqui estão os resultados específicos que espero alcançar. Se me provar que vou atingi-los, comprarei. Se não, não compro."

Portanto, se você está vendendo ou prestando serviços para pessoas com atitudes desse tipo, deverá entender o seu negócio e o delas para concretizar a venda.

Como este livro está organizado

Agora vou explicar o que você vai encontrar nas próximas páginas.

Na primeira metade do livro, apresentarei os elementos básicos das empresas – fluxo de caixa, giro de estoque, crescimento rentável e satisfação dos clientes – e como cada um deles é aplicado por todos os CEOs, sejam os que dirigem startups, empresas on-line ou grandes companhias tradicionais.

Depois de apresentadas essas ferramentas, ensinarei como aplicá-las. Assim, vou discutir como os negócios de fato são feitos hoje em dia.

Digo "hoje em dia" porque, quando comecei a trabalhar, as empresas eram organizadas por hierarquia. As informações eram transmitidas de cima para baixo por meio de uma cadeia de comando formal, e cada etapa passava por reconhecimentos e aprovações. Hoje, porém, colaboração e integração são habilidades muito valorizadas nas empresas.

A colaboração é necessária porque cada vez mais o trabalho vem sendo realizado em equipes, já que as organizações entendem que o conhecimento não está mais centrado nas pessoas que estão no topo. Tal colaboração ocorre tanto fora quanto dentro da empresa, na medida em que as organizações interagem com vendedores, fornecedores e clientes visando criar novos produtos e serviços.

> **Atualmente, você deve não apenas ser um bom membro de equipe, mas também atuar como um integrador.**

A integração é importante porque o trabalho vem precisando de mais especialidades para que seja executado com excelência. É preciso que as pessoas trabalhem juntas com o objetivo de tomar boas decisões e gerar valor para clientes, funcionários e acionistas.

Pense, por exemplo, na criação do Amazon Echo, um dispositivo controlado por voz capaz de gerar listas de tarefas, tocar música, acionar alarmes, fornecer notícias e boletins meteorológicos em tempo real e controlar dispositivos inteligentes de uma casa. Para que o produto se tornasse realidade, foi preciso que pessoas com domínio em software de reconhecimento de voz, inteligência artificial e eletrônica, entre outros, compartilhassem expertise e fizessem escolhas e ajustes – um processo que precisou acontecer rapidamente para fazer frente à concorrência no mercado.

Esses profissionais dominavam o básico dos negócios. Por exemplo, todas as funcionalidades do Echo levavam em conta os interesses dos clientes – um dos fundamentos dos negócios. A equipe de criação sabia que o dispositivo deveria executar cada solicitação em um segundo ou menos, ou o consumidor ficaria frustrado. Então esse se tornou um objetivo crucial.

A partir desses conceitos, vamos discutir como fazer as coisas acontecerem. Afinal, trabalhar em equipe e de maneira integrada é ótimo, mas você ainda precisa apresentar resultados. E este livro vai lhe mostrar como fazer isso.

Por fim, vamos conversar também sobre o papel que você representa no quadro geral de funcionamento de sua organização e sobre o que pode ser feito para garantir que você e seu empregador prosperem.

Dito isso, vamos começar.

2

O QUE OS MELHORES CEOs E OS VENDEDORES AMBULANTES COMPARTILHAM: A ESSÊNCIA DO PENSAMENTO EMPRESARIAL

A linguagem dos negócios é a mesma em toda parte.

São 11 horas da manhã de um dia útil no centro de Manhattan e você está na esquina da 48th Street com a Sexta Avenida, cercado pelos prédios que compõem o Rockefeller Center.

Se usasse seu smartphone para acessar uma vista aérea no Google Maps, veria que se encontra a pouca distância de todos os cenários icônicos dos filmes que querem mostrar que a ação se passa na cidade de Nova York. O bairro dos teatros localiza-se a oeste, bem como a Times Square e o Terminal Rodoviário da Autoridade Portuária. O Museu da Arte Moderna encontra-se ligeiramente ao norte, e a leste está a Catedral de St. Patrick – quase do outro lado do rinque de patinação do Rockefeller Center, onde, em dezembro, se ergue uma enorme árvore de Natal com milhares de lâmpadas.

Do ponto onde está, você poderá caminhar até inúmeras empresas de mídia: a revista *Bloomberg Businessweek* fica no prédio atrás de você e a Fox News, cujo painel eletrônico externo exibe manchetes 24 horas por dia, localiza-se do outro lado da rua.

O mais interessante, porém, é o número de vendedores ambulantes – ou melhor, CEOs de empresas individuais – ocupando as calçadas. Há carrinhos de cachorro-quente dos dois lados da rua. Próximo a você, há um pequeno *food truck* chamado Rockefeller Halal Food e, ao lado dele, uma vendedora negociando óculos de sol e cachecóis. Vizinha a ela, uma mulher desenha retratos por cinco dólares.

Se observar o quarteirão até a esquina da 49th Street com a Sexta Avenida, notará ainda mais movimento, com 15 diferentes carrinhos de comida vendendo de tudo: desde café e folhado dinamarquês até churrasco coreano e curry indiano. Além disso, aqui e ali verá uma pessoa vendendo livros usados e outra oferecendo imitações de bolsas de grife.

Ainda que nunca tenha visitado Manhattan, você provavelmente já viu pessoas vendendo produtos em barracas e carrinhos na rua. Em qualquer lugar do mundo é possível encontrar ambulantes alardeando suas mercadorias.

Se já comprou algum produto desses empresários individuais, é provável que o tenha feito rapidamente e seguido seu caminho, sem nem pensar no negócio deles. No entanto, se avaliar melhor, observará algo surpreendente. Não importa onde estejam e o que vendam, todos os vendedores falam – e pensam – sobre o próprio negócio de modo semelhante, utilizando a linguagem universal dos negócios.

Talvez mais surpreendente ainda seja o fato de a linguagem dos vendedores ambulantes ser a mesma de Tim Cook (CEO da Apple), Mark Fields (CEO da Ford), Ginni Rometty (CEO da IBM) e Marillyn Hewson (CEO da Lockheed Martin), bem como de Akio Toyoda (presidente da Toyota), Tadashi Yanai (CEO da

Uniqlo, empresa varejista global) e Rahul Bhatia (CEO da IndiGo, a empresa de aviação indiana *low cost*).

> **Quando o assunto é gerir um negócio, os vendedores ambulantes e os CEOs das maiores e mais bem-sucedidas empresas do mundo pensam exatamente igual. Embora as complexidades dos negócios sejam diferentes, a abordagem é a mesma.**

Claro que há diferenças entre dirigir uma enorme corporação e uma pequena loja, e essa questão também é levada em conta, mas os conceitos básicos são os mesmos.

Em geral, os diretores de grandes organizações globais são chamados de gerentes ou líderes, mas os melhores se veem, antes de tudo, como empreendedores. Posso afirmar isso pois observei alguns deles de perto. Por mais de cinco décadas, tive o privilégio de trabalhar ao lado de alguns dos líderes empresariais mais bem-sucedidos do mundo, incluindo Jack Welch e Jeff Immelt, da GE; Brian Moynihan, do Bank of America; Andrea Jung, da Avon; Robert Bradway, da Amgen; e A. G. Lafley, da Procter & Gamble. Percebi como a mente deles funciona, como todos enfrentam as questões mais significativas e complexas até assimilarem os fundamentos dos negócios.

Eu aprendi esses fundamentos ainda criança, quando morava numa pequena aldeia agrícola no norte da Índia, onde observei meus irmãos mais velhos batalhando para ganhar a vida vendendo sapatos na lojinha da qual eram proprietários. Sem experiência nem treinamento formal, competiam diretamente com outros que também tentavam ganhar a vida na aldeia. Com o tempo, aprenderam o ofício e desenvolveram uma marca, conquistando a confiança dos clientes, os fazendeiros locais. Outras lojas surgiram e faliram, mas a nossa prosperou, e meus sobrinhos a administram até hoje, quase 65 anos depois de meus irmãos terem começado o negócio.

Aquela loja de sapatos, além de financiar minha educação, possibilitou que eu fosse bem além de minhas raízes. Aos 19 anos e com um diploma de engenharia, consegui emprego numa empresa de gás em Sydney, Austrália. Como o CEO percebeu que eu tinha visão de negócios, logo passei a trabalhar em estratégias de precificação e análises de investimento em vez de projetar redes de dutos. Meu interesse por negócios mostrou-se irreprimível e fui encorajado pelo mesmo CEO a ir para a Harvard Business School, onde concluí um MBA e um doutorado, e, mais tarde, lecionei por seis anos. Desde então, não apenas aconselhei centenas de CEOs nos Estados Unidos, na Índia, no Brasil, no Japão, na Austrália e na Europa, como também ministrei aulas sobre negócios para dezenas de milhares de pessoas.

Quando iniciei minha carreira em consultoria – trabalhando com empresas de diferentes tamanhos, em diferentes setores e culturas –, fiquei impressionado com as semelhanças entre os líderes empresariais de sucesso. Fui percebendo que, qualquer que fosse o tamanho ou o ramo da empresa, um bom CEO conseguia reduzir os negócios mais complexos a seus fundamentos – aqueles mesmos que aprendi na loja de sapatos de minha família.

> **Qualquer um que descubra um meio claro de ganhar dinheiro tem visão de negócios, ou o que algumas pessoas denominam "esperteza de rua".**

Os líderes bem-sucedidos nunca perdem de vista os conceitos básicos. E esse foco incisivo é, na verdade, o segredo de seu sucesso. Como o vendedor ambulante, eles também têm uma percepção aguçada de como uma empresa ganha dinheiro. *E todos nós precisamos aprender a aplicar as ferramentas para ganhar dinheiro.*

Lembre suas raízes

Muitos CEOs de sucesso vivenciaram, no início da vida, experiências semelhantes às de um vendedor ambulante, o que criou as raízes para seu pensamento empresarial.

Leslie H. Wexner cresceu trabalhando na lojinha de roupas femininas dos pais em Columbus, Ohio. Varejistas pequenos e independentes como os pais de Leslie precisam enfrentar vários desafios, como decidir que tipos de cliente atrair e de que forma atraí-los; quais mercadorias oferecer; onde comprar, quanto comprar e a que preço. Em seguida, devem decidir quanto cobrar e de que maneira projetar e arrumar a loja. Esse processo todo demanda muito tempo, pois cada decisão é importante.

Foi na lojinha dos pais que Leslie aprendeu a linguagem universal dos negócios e testou pela primeira vez o próprio pensamento nesse sentido. Ao examinar os livros contábeis enquanto os pais tiravam férias – algo raro àquela altura –, percebeu que poucos dos artigos oferecidos eram úteis. Quando abriu uma loja para mulheres chamada Limited em Columbus, lembrou-se disso e fez questão de manter em estoque apenas artigos que tivessem utilidade. Hoje, mesmo depois que a Limited se tornou a L Brands, um varejista de 13 bilhões de dólares que lucra mais de 2 bilhões anuais com suas lojas Victoria's Secret, Pink, Bath & Body Works, La Senze e Henri Bendel, ele ainda pensa da mesma forma.

Quando se cresce em uma empresa pequena, é inevitável incorporar os fundamentos.

E você?

Talvez você não tenha uma empresa de família e tenha seguido carreira em uma área específica da empresa em que atua, como vendas, finanças ou produção. Essas especializações, em geral conhecidas como funções empresariais, às vezes também são chamadas de "silos funcionais". Isso porque a maioria das pessoas assume o primeiro emprego em determinada função empresarial e vai se especializando nessa mesma função à medida que sobe de cargo. Desse modo, parece que estão avançando por um silo.

Essas carreiras limitam sua perspectiva e influenciam suas decisões e escolhas diárias, considerando-se que nem sempre o melhor ou o mais empolgante para o seu departamento é o melhor para a empresa como um todo. Caso você atue como engenheiro e queira desenvolver um produto que exija muitos recursos, talvez a empresa não possa cobrir os custos da concorrência, perdendo, assim, dinheiro ou mesmo vendas. Por isso, a Hewlett-Packard, no início de suas atividades, exigia que os engenheiros criassem produtos superiores, capazes de gerar margens maiores. Certificavam-se de que os profissionais levassem em conta o cliente, a concorrência e as capacidades tecnológicas da HP.

A questão é simples: talvez você tenha se tornado um profissional de ponta, exímio em marketing ou TI, mas chega a ser um empreendedor de fato? Qualquer que seja seu cargo, será necessário compreender como a organização ganha dinheiro.

Se passar a perceber a empresa como um todo e tomar decisões capazes de melhorar seu desempenho geral, você contribuirá para tornar as reuniões menos burocráticas e mais concentradas nos negócios. Desse modo, o tempo vai passar rápido, como acontece em discussões construtivas e energizantes, e você vai se empolgar mais com seu cargo porque perceberá que as sugestões dadas e as decisões tomadas estão ajudando a empresa a prosperar.

> **Aprender a falar a linguagem universal dos negócios promoverá sua carreira.**

Quando aprender a linguagem universal dos negócios, você derrubará as barreiras que separam você, que está em um silo, dos altos executivos, cuja linguagem talvez não seja compreensível hoje. Assim, você acabará se sentindo mais comprometido com a empresa e com o trabalho. Além disso, verá uma gama de oportunidades se abrir à sua frente.

A habilidade do vendedor ambulante

Como um vendedor de frutas numa pequena cidade indiana ganha a vida? Talvez alguém graduado numa universidade caríssima e com um MBA diga que ele "prevê a demanda", mas nosso vendedor, além de desconhecer esses jargões, não possui computador e, portanto, conta apenas com a própria compreensão dos fundamentos dos negócios. Desse modo, precisa decidir o que comprar naquela manhã – quantidade, qualidade e variedade – com base no que julga conseguir vender naquele dia (previsão de vendas).

Como esse vendedor não deseja levar as frutas de volta para casa, pois qualquer alteração nelas implica queda de valor, ele tem que decidir os preços e ser ágil para ajustá-los conforme necessário ao longo do dia. Além disso, precisa do dinheiro.

Nesse contexto, cabe ao vendedor avaliar se reduzirá os preços, quando o fará e de quanto será a redução. Se for indeciso ou tomar a decisão errada, a concorrência poderá derrotá-lo. Se reduzir o preço cedo demais, talvez não lucre naquele dia. Se esperar demais, o estoque pode apodrecer.

O mesmo ocorre nas empresas. Caso o Banco Central aumente a taxa básica de juros, a demanda por automóveis pode cair subitamente, já que menos pessoas vão conseguir arcar com o aumento resultante nos juros de financiamentos de carros e as montadoras talvez não consigam ajustar os níveis de produção com a rapidez necessária, o que provocará sobra de estoques. As empresas, então, devem agir para se livrar dos automóveis e arrecadar dinheiro. É nesse momento que os comerciais anunciam que algumas empresas automotivas estão oferecendo descontos. No entanto, descontos e aumento dos gastos em publicidade prejudicam os lucros.

Além disso, embora tais abordagens de venda possam desvalorizar a imagem da marca, às vezes as empresas encaram esses problemas porque precisam do dinheiro.

De volta ao vendedor ambulante

Vejamos mais de perto as atividades diárias do nosso vendedor de frutas na Índia.

Sempre que arma sua barraca, o vendedor expõe na frente as frutas de melhor aparência (os varejistas chamam isso de vitrine). Ele também observa a concorrência – o que está sendo vendido e por quanto (análise de mercado) – e o tempo todo fica pensando não apenas naquele dia específico, mas também no amanhã. Se tiver dificuldade de vender o produto, talvez tenha que reduzir o preço (aumentar o valor para o cliente), reorganizar a vitrine ou, ainda, berrar mais alto (fazer propaganda) para atrair a atenção dos clientes. No dia seguinte, pode ser que compre o produto por um preço melhor ou mude a variedade de frutas e legumes (o mix de produtos). Em síntese, se algo não funciona, ele corrige o problema, e faz tudo isso na própria cabeça.

Como o vendedor sabe se está se saindo bem? Conferindo os lucros no fim do dia. Afinal, todos entendem de grana, de dinheiro no bolso, e todas as línguas têm uma palavra específica para isso. O vendedor ambulante pensa constantemente em quanto ganha: tem grana suficiente? Como pode obter mais? Vai continuar gerando lucros?

O que acontece com o vendedor ambulante que não tem dinheiro no fim do dia? O sofrimento. A família vive um clima de tensão quase insuportável. Ele talvez não tenha o bastante nem para colocar comida em casa. Como resultado, a mente do vendedor foca ainda mais na questão.

E, conscientemente ou não, está refletindo sobre um infortúnio ainda mais profundo: como comprará produtos para o próximo dia? Ele precisa de dinheiro para permanecer no negócio.

As empresas passam pelo mesmo processo. Ouve-se o tempo todo que estão com falta de dinheiro. Talvez tenham produzido muitos artigos que não tiveram saída. Também pode ser que tenham investido numa fábrica muito grande que não gera lucro suficiente. Ou ainda podem ter vendido os produtos a crédito para distribuidores ou varejistas e recebido o pagamento atrasado, ou nem sequer tê-lo recebido.

Quando as empresas não conseguem o retorno financeiro de que precisam, com frequência pegam dinheiro emprestado, aumentando suas dívidas, pois precisam pagar juros sobre esses empréstimos. Ao tomarem empréstimos vultosos e não resolverem o problema que criou a escassez de dinheiro, enfrentam dificuldades para saldar a dívida. Algumas, inclusive, acabam falindo porque não incorporaram esse fundamento dos negócios.

Voltemos mais uma vez aos vendedores ambulantes. Quando é difícil acumular dinheiro, alguns pedem um valor emprestado para comprar as frutas que planejam vender. Para ganhar a vida, precisam de dinheiro suficiente para ressarcir o empréstimo e mais alguma sobra.

Por exemplo, cada vez que um deles vende um melão, ganha só um pouquinho de dinheiro. O lucro, ou seja, a diferença entre o que pagou pela fruta e o valor da venda, é baixo. A margem de lucro – o dinheiro que fica com ele – é de uns 5%. Essa ideia básica também pode ser chamada de retorno sobre as vendas ou margem operacional. Explicarei em detalhes adiante.

Digamos que nosso vendedor ambulante indiano pegue emprestadas 4 mil rupias para gerir seu negócio (esse é o capital dele) e as use como um depósito para obter 40 mil rupias em frutas. Esse montante é seu único ativo. Se ele vender todas as 40 mil rupias em frutas com uma margem de lucro de 2% (após deduzir todas as despesas), lucrará 800 rupias. Em outras palavras, o vendedor usou o capital de 4 mil rupias para ganhar 800 rupias, de modo que seu "retorno sobre o capital investido" é de 20%. Falaremos mais sobre esses cálculos no Capítulo 3.

O vendedor de rua pode aumentar os preços para lucrar mais? Até certo ponto. Se o preço ficar alto demais, os clientes vão procurar outro vendedor. Ele pode encontrar um jeito de pagar menos pelas frutas? Talvez. Mas se as frutas estiverem maduras demais, os clientes notarão a diferença. Além disso, alguns tipos de fruta são mais rentáveis do que outros. Será que apenas as frutas que dão mais retorno deveriam ser vendidas?

No início da década de 1990, a Ford, rápida em reconhecer a crescente demanda por utilitários esportivos e caminhonetes, conquistou uma vantagem competitiva decisiva sobre a General Motors ao alterar seu mix de produtos. Portanto, embora continuasse oferecendo uma gama completa de veículos, a Ford passou a produzir mais veículos utilitários esportivos (SUVs) e caminhonetes, produtos mais rentáveis, e assim conquistou a maior fatia de mercado nos Estados Unidos nesses segmentos, apesar de a GM ser maior.

Esse tipo de pensamento é bastante frequente. Veja, por exemplo, o caso do iPhone. Ele foi lançado como um produto revolucionário que, na prática, era um computador pessoal de bolso. Mas as pessoas esquecem o que a Apple fez ao lançar seu telefone.

Até aquele momento, sempre que uma empresa como a BlackBerry ou a Nokia lançava um telefone novo, o mesmo era oferecido a todas as empresas de telefonia. Invariavelmente, as empresas vendiam o telefone mais barato como um incentivo para as pessoas assinarem seu serviço.

Essa é uma estratégia de negócios clássica, mas isso acabava limitando o que as empresas produtoras dos celulares podiam cobrar das empresas de telefonia. Se as operadoras Verizon, Sprint e T-Mobile iam vender os telefones a baixo custo, não estavam dispostas a pagar muito por eles. Resumindo, as companhias telefônicas, e não os fabricantes de telefones, controlavam os preços dos aparelhos.

A Apple seguiu uma rota diferente. Em vez de oferecer o iPhone a todas as empresas de telefonia, a princípio forneceu uma exclusividade de cinco anos à AT&T, o que lhe permitiu cobrar bem mais pelo telefone revolucionário. De forma semelhante ao que ocorre com os vendedores ambulantes, os empreendedores precisam pensar criativamente o tempo todo.

O vendedor ambulante tem que lidar com muitas realidades. Se errar sua avaliação com frequência, ficará difícil ganhar a vida. Se não oferecer aos clientes um negócio justo, eles não voltarão e o vendedor ficará sem credibilidade, o que reduzirá ainda mais as vendas. Se, por outro lado, ele oferecer aos clientes um negócio justo enquanto lucra, conquistará a confiança deles e a fidelidade à marca.

Moral da história: o vendedor precisa focar no cliente.

Aprender com o ambulante

Embora pareça simples, gerir um negócio individual como uma barraquinha de frutas requer muitas tomadas de decisão que implicam avaliações feitas de forma intuitiva – sem a ajuda de computadores, sem técnicas de previsão sofisticadas nem reuniões em resorts luxuosos. A habilidade e a visão de negócios desse tipo de vendedor são transmitidas de geração para geração em todos os lugares do mundo. Assim, tal como eu no passado, crianças ouvem os mais velhos e os observam no trabalho, participando do negócio por meio de pequenos auxílios. Portanto, intuitivamente passam a entender o funcionamento do negócio como um todo.

Minha experiência é típica. Ainda recordo como todas as noites, lá pelas nove da noite, eu acompanhava meus irmãos da loja para casa, onde nos reuníamos na laje para suportar melhor o calor. Então discutíamos os acontecimentos do dia: que clientes apareceram ou não, o que tínhamos vendido ou não, de quem precisaríamos cobrar na manhã seguinte e o que as duas lojas mais prósperas da aldeia vinham fazendo (melhores práticas).

Vi meus irmãos mais velhos batalharem diariamente não só para evoluir no modo de se relacionar com os clientes (podemos chamar isso de desenvolvimento de marca), mas também para fazer os ajustes certos no mix de produtos e nos preços dos sapatos. A cada venda que fazíamos, um concorrente nosso tentava persuadir o mesmo cliente a devolver os sapatos e comprá-los dele. Um combate corpo a corpo. Mas, no fim do dia, nosso sustento estava garantido. Embora não utilizássemos uma terminologia sofisticada, aprendíamos os conceitos básicos relativos a ganhar dinheiro e criar valor para os "acionistas", que, no caso, eram os membros da família.

Você também pode aprimorar sua visão de negócios dominando os conceitos básicos da obtenção de lucros: clientes, geração de caixa, retorno sobre o capital investido e crescimento.

3

TODA EMPRESA É IGUAL POR DENTRO: QUATRO COISAS QUE TODA COMPANHIA, EM QUALQUER LUGAR, PRECISA DOMINAR

Os elementos básicos são sempre os mesmos em todas as empresas.

Ganhar dinheiro nos negócios envolve quatro aspectos: satisfazer as necessidades dos clientes com mais eficácia do que a concorrência, gerar caixa, produzir retorno sobre o capital investido e manter uma rentabilidade crescente. A maioria das pessoas executa bem uma ou duas dessas coisas. No entanto, só os verdadeiros empreendedores entendem cada um dos quatro aspectos, *bem como as relações entre eles*. Ao final deste capítulo, você também os compreenderá.

> Os empreendedores têm um desejo insaciável de se embrenhar nos elementos fundamentais da obtenção de lucros.

Clientes, geração de caixa, retorno sobre o capital investido e crescimento são as bases que norteiam uma empresa. Ela está atraindo e fidelizando os clientes? Gera caixa e consegue um bom retorno do dinheiro investido no negócio? Está crescendo? Se a resposta a essas perguntas é sim, o bom senso indica que a empresa está no rumo certo. Se algum desses quatro aspectos não estiver bem, a empresa acabará afundando.

COMO A RELAÇÃO FUNCIONA

Dissemos que verdadeiros empreendedores entendem não apenas os elementos básicos dos negócios, mas também como satisfazer as necessidades dos clientes, gerar caixa, produzir retorno sobre o capital investido e aumentar a rentabilidade. Eis um exemplo do dia a dia.

Uma empresa, ao planejar o lançamento de um produto novo, deseja bons números de vendas e um bom preço, para que a rentabilidade seja alta e o retorno, satisfatório. Para isso, o responsável pelo marketing almeja criar uma campanha publicitária que gere interesse pelo produto e aumente as vendas, enquanto o chefe da fábrica deseja ampliar os estoques para atender à demanda prevista.

Mas investir numa campanha publicitária e fabricar mais produtos consomem dinheiro. Assim, é preciso haver equilíbrio entre aumentar as vendas, aplicar dinheiro em campanhas publicitárias e formar estoques.

Caso o produto não seja ideal para o mercado, a empresa terá que reduzir os preços – talvez abaixo do custo – a fim de converter os estoques que sobraram em caixa, e a campanha publicitária se tornará apenas um desperdício de dinheiro.

Não permita que o tamanho de sua empresa ou a falta de um diploma obscureçam a simplicidade do seu negócio. Aplique os fundamentos básicos. Se houver deterioração em uma ou mais das quatro áreas centrais, use o bom senso e corrija a falha. Assim você estará a caminho de pensar e agir como um verdadeiro empreendedor e um potencial CEO.

Vejamos a seguir cada um dos quatro aspectos. Conectaremos todos mais adiante neste capítulo.

Clientes

Tudo começa aqui. Se não houver cliente, não haverá negócio. Cabe a você satisfazer uma necessidade ou resolver um problema dos clientes. O ambulante, por exemplo, os conhece bem e por simples observação percebe se gostam das frutas ou se as preferências estão mudando. CEOs que entendem de fato o funcionamento da empresa, aqueles com "esperteza de rua", estão conectados com os clientes e sabem que a empresa existe para satisfazê-los. Uma crença universal.

Embora hoje muitas empresas recorram a ferramentas analíticas para avaliar cada interação de cliente e com frequência realizem pesquisas e organizem grupos de discussão na tentativa de entender os comportamentos e as necessidades dos consumidores, os melhores CEOs não dependem exclusivamente de dados clínicos. Ver é acreditar. É por isso que CEOs como Indra Nooyi, da PepsiCo, A. G. Lafley, da Procter & Gamble, e Tim Cook, da Apple, fazem questão de visitar lojas para realizar observações pessoais.

Você também precisa fazer isso. Todos têm acesso aos mesmos dados de consumo, leem os mesmos artigos sobre negócios e comparecem às mesmas conferências setoriais. Portanto, se você apenas se comportar como os concorrentes, nunca conseguirá superá-los. Por isso, precisa observar todas as interações com seu produto, da percepção inicial que ele desperta até a etapa de compra e utilização, ou seja, a experiência do cliente de uma ponta à outra. Nesse percurso, converse com distribuidores e varejistas (se sua empresa os possui), bem como com os usuários finais, para entender o que está acontecendo.

VER POR SI MESMO

Um dos melhores varejistas que conheço passa quase todos os sábados em uma de suas lojas espalhadas pelos Estados Unidos. Quer ver com os próprios olhos as sacolas de outros varejistas que os clientes estejam carregando. Quer saber as lojas que visitam depois de sair da dele. E, igualmente importante, quer ver quantas pessoas deixam a loja de mãos vazias.

Em cada visita, faz questão de conversar com pelo menos 10 clientes; ele não se identifica como CEO, mas como alguém que trabalha para a empresa. Por meio dessa interação, reúne informações que nenhuma estatística do mundo lhe mostraria. Passa a entender o pensamento dos clientes. Não fica tentando vender nada. Está ali apenas para aprender.

CEOs com esse comportamento evidenciam que, caso se afastem do campo de ação, não perceberão mudanças e oportunidades importantes no mercado. E isso pode ser devastador, pois o cliente é o principal responsável pelo sucesso da organização.

Se você tem uma ideia, faça um teste com consumidores para verificar se ela vai dar certo. De forma semelhante, analise os rumos que seu setor pode estar tomando e as possíveis mudanças no gosto ou no estilo de vida dos consumidores. Quando achar que chegou às respostas, converse com clientes para confirmá-las. Informações em primeira mão são as melhores.

Na sua empresa, talvez você se refira aos compradores como

"clientes", mas estes podem não ser os usuários finais do produto: os consumidores. É importante entender ambos. Quando desenvolve produtos novos, a P&G tenta compreender as necessidades e os desejos do *consumidor*, mas muitos processos, como logística, descontos e comercialização, estão centrados em atender *clientes*, como os priorizados pela rede de lojas Target.

Quando pensar em consumidores e clientes, seja simples e específico: o que os consumidores estão comprando? Talvez seja não apenas o produto físico, mas também segurança, confiabilidade, conveniência, serviço ou toda a experiência do cliente, na loja física ou on-line.

> **Você sabe o que seus clientes estão de fato comprando de você e por quê?**

Quando você não conseguir mais praticar os preços e as margens de antes, converse diretamente com os consumidores para entender as razões, sem recorrer a distribuidores ou a outros intermediários. Não importa qual seja o seu cargo: desenvolva a habilidade de observar clientes. Se a Nokia e a BlackBerry tivessem feito isso logo após o lançamento do iPhone, talvez previssem o impacto devastador da Apple sobre os negócios.

Muito se fala sobre fidelidade do cliente, mas a verdade é que se deve conquistá-la cada vez que se entra em contato com um. Afinal, ele só precisa de um motivo simples para comprar de você, que deve lhe fornecer algo de fato necessário. Pode ser preço baixo, qualidade, serviço ou a solução de um problema. Você deve descobrir as necessidades dos clientes – com eles. Isso é bom senso. Entretanto, é surpreendente saber como isso está em falta no meio empresarial.

Desenvolva esse bom senso. O CEO quer que você conheça os clientes da empresa.

Geração de caixa

A geração de caixa é um dos diversos indicadores importantes da capacidade de ganhar dinheiro.

> **Considere sempre a geração de caixa: diferença entre todo o dinheiro que flui para dentro da empresa e todo o dinheiro que flui para fora em determinado período.**

Um empreendedor perspicaz sempre vai desejar saber: a empresa gera caixa suficiente? Quais são suas fontes de geração de caixa? Como o caixa vem sendo aplicado? Empreendedores que não se fazem essas perguntas e/ou não encontram respostas para elas acabam fracassando.

Geração de caixa é a diferença entre todo o caixa que flui para dentro da empresa e todo o caixa que flui para fora em determinado período. Talvez você já tenha ouvido a expressão "fluxo de caixa", que é uma versão resumida da ideia. Prefiro "geração de caixa" porque força todos a entenderem ambas as partes do conceito: o caixa que flui para dentro – em forma de recebimentos em dinheiro, cheques e cartões de crédito pela venda dos produtos – e aquele que flui para fora – salários, impostos e pagamentos a fornecedores.

O vendedor ambulante trabalha com dinheiro, ou seja, os clientes lhe pagam em dinheiro e ele paga em dinheiro ao fornecedor. Para ele, dinheiro e receita são termos com significados idênticos.

Mas a maioria das empresas concede crédito, portanto caixa e receita são coisas diferentes. Quando fazem uma venda, acrescentam na hora à sua receita, mas cobram o dinheiro mais tarde, isto é, o cliente compra algo agora e paga depois. As empresas têm contas a receber (dinheiro devido por clientes) e contas a pagar (dinheiro que devem a fornecedores).

O momento da execução desses pagamentos afeta a geração de caixa e pode se revelar um problema até para as maiores empresas por uma série de motivos: margens baixas demais, despesas altas demais e demora na cobrança de contas, por exemplo. A indústria automobilística tem um histórico de problemas com geração de caixa. A Chrysler e a Volkswagen ficaram sem dinheiro no início e no fim da década de 1980, respectivamente. E o exemplo clássico vem da GM, que se viu forçada a entrar com pedido de falência em 2009. Conclusão: quando você não dispõe de caixa suficiente e não consegue empréstimos, vai à falência.

Mas nem só as grandes empresas industriais entram em apuros. Um dos exemplos mais claros de problemas na geração de caixa ocorreu numa empresa de consultoria em gestão. Os sócios principais, que haviam assumido empréstimos altíssimos para comprar a empresa, precisavam de muito dinheiro para pagar os juros todo mês. A certa altura, constatando que estavam ficando sem dinheiro, viram como única solução vender uma parte da empresa, o que, é claro, reduziria a participação acionária de cada sócio.

Então, pouco antes de fechar o negócio, o CEO teve uma ideia que salvou a parcela dos sócios: identificou clientes que vinham atrasando pagamentos. O contas a receber – o dinheiro que era devido à empresa – considerava em média 90 dias entre o momento em que a empresa enviava uma fatura e o momento em que era paga, em vez da média de 45 dias do setor.

A empresa assumiu o controle do problema de duas maneiras: solicitou ao CEO que implantasse um sistema que acelerasse as cobranças e pediu aos sócios que enviassem as faturas ainda na fase de andamento dos projetos em vez de aguardarem o fim do mês. Essas pequenas mudanças melhoraram o fluxo de caixa e permitiram que a empresa continuasse funcionando.

> Ficar sem dinheiro é um problema comum em startups no Vale do Silício e em outras localidades. Ou o produto demora mais que o esperado para ser lançado no mercado, ou os custos iniciais são bem maiores que os orçados a princípio.

O caixa – o suprimento de oxigênio da empresa – é o que mantém o negócio na ativa. Falta de caixa, redução dele ou um aumento do consumo de caixa acarretam problemas, ainda que os demais elementos da obtenção de lucros, como margem de lucro e crescimento, pareçam estar indo bem.

Toda empresa precisa registrar no relatório anual de onde veio e para onde foi o caixa. Você sabe se sua empresa é uma geradora de caixa líquido? Caso seja, sabe o motivo? Se não é, sabe por quê? Se não está gerando caixa, pode ser porque a gerência está investindo no crescimento da empresa, ou pelos estoques excessivos, pelas despesas altas demais, pela demora em cobrar as contas a receber ou por ter contraído muitos empréstimos e estar lutando para saldá-los. A sua empresa se enquadra em um desses casos?

Se trabalha para uma grande empresa, seu setor gera caixa? Às vezes você ouve um diretor de divisão dizer: "Estou administrando minha divisão visando ao caixa, não ao crescimento." Nesse caso, a alta direção pode ter decidido, por exemplo, empregar o caixa de uma divisão que atende a um mercado de lento crescimento a fim de financiar pesquisa e desenvolvimento (P&D), marketing ou expansão da fábrica de outra divisão de rápido crescimento.

Outras vezes, uma empresa é a principal fonte de renda dos membros de uma família. Tais tipos de empresa costumam ser "geridas visando ao caixa", ou seja, a família espera que o negócio gere dinheiro – pago na forma de dividendos – para satisfazer suas necessidades imediatas.

Todos contam

Muitas pessoas conseguem entender o conceito de caixa em escala pequena, até pessoal. Por exemplo, se as contas vencem antes do dia de pagamento, o que acontece?

Porém, numa empresa grande, algumas pessoas minimizam a importância do caixa, julgando-o de responsabilidade exclusiva do departamento de finanças.

> **Qualquer que seja a organização para a qual você trabalha – uma organização com ou sem fins lucrativos ou um órgão governamental –, é importante entender de onde vem e para onde vai o caixa. Todas as pessoas numa empresa, e não apenas aquelas que trabalham na área de finanças, precisam saber como a própria função afeta a geração (ou o consumo) de caixa para que suas carreiras prosperem.**

Numa empresa, todos precisam estar cientes de que suas ações provocam uso ou geração de caixa. Um vendedor que negocia com um cliente um pagamento em 30 dias em vez de 45 entende de caixa. O dinheiro chega à empresa mais cedo e libera caixa, ou seja, esse valor fica disponível para ser usado em outras coisas. Quando um gerente de fábrica erra nas previsões e acaba causando acúmulo de estoques, isso consome caixa, porque a empresa não conseguirá liberá-lo enquanto não vender os estoques.

Também são relevantes na geração de caixa os auxiliares de expedição, funcionários que, entre outras atribuições, separam e distribuem cartas, contas e cheques. Suponha que a correspondência da manhã de sexta-feira só seja separada e distribuída à tarde e que os cheques só cheguem ao departamento certo às 16h30, momento em que os funcionários de contas a receber estão prestes a encerrar o expediente. Portanto, decidem abrir a correspondência na segunda-feira. Quando o cheque se transforma em caixa? Três dias após o recebimento.

Avalie também quando a correspondência é enviada. Em muitas empresas, só se enviam na segunda-feira de manhã faturas preparadas após as 14 horas da sexta-feira, simplesmente porque sempre se fez assim e ninguém está atento à geração de caixa. Se as faturas fossem enviadas antes disso, a empresa poderia receber pagamentos dois dias antes, melhorando sua situação do caixa.

Muitas pessoas podem ser responsáveis pelo fluxo de caixa, inclusive o pessoal do setor de expedição. Portanto, conheça a situação do caixa de sua empresa e saiba o que pode fazer para contribuir.

UMA HISTÓRIA DE ADVERTÊNCIA

Talvez o melhor exemplo recente da importância da gestão do caixa seja o que aconteceu com a Webvan, um dos maiores fracassos das empresas pontocom.

A Webvan parecia uma ótima ideia, pois os clientes pediriam pela internet produtos de supermercado.

Ao escrever sobre a Webvan, Peter Relan, o então responsável pela tecnologia da empresa, afirmou que a estratégia de marketing era simples: a empresa ofereceria a qualidade e a variedade da rede multinacional Whole Foods com os preços dos supermercados tradicionais.

Embora a proposta fosse atraente, trazia consigo um problema: a empresa teria margens menores do que as de um varejista de alto nível. Para contorná-lo, a Webvan seria automatizada de forma vigorosa, usando depósitos moderníssimos, projetados e construídos para o máximo de eficiência no quesito atendimento de pedidos.

O esquema poderia ter funcionado, mas a empresa se expandiu rápido demais. O plano inicial previa lançar o serviço em 26 áreas metropolitanas, cada uma abastecida por um depósito da empresa avaliado em 35 milhões de dólares. Ou seja, só os depósitos custaram mais de 900 milhões de dólares. Esse valor, somado ao custo de onerosos sistemas de computação para realizar a operação, aos salários para os 3.500 funcionários e a todas as caminhonetes de entregas especializadas, levou a empresa a despender 125 milhões de dólares por trimestre. Os lucros não aconteceram com a mesma velocidade e assim o caixa fluiu para fora mais rápido do que para dentro.

Aproximadamente quatro anos após sua fundação, a empresa encerrou as atividades.

Nos últimos anos, alguns empreendedores bastante perspicazes descobriram meios altamente eficientes de gerar caixa. Muitos desses esforços se concentram nos estoques que imobilizam caixa. Vejamos a Amazon, uma das pioneiras do varejo na internet. Quando iniciou as atividades, ela só vendia livros e trabalhava sem estoques, o que lhe dava uma enorme vantagem de caixa em relação às livrarias tradicionais, que tinham montes de livros em inúmeros depósitos e lojas. A Amazon se limitava a receber encomendas de livros on-line, remetendo-os aos seus clientes a partir de instalações de distribuição de terceiros. A administradora do cartão de crédito do cliente pagava a Amazon quando os livros eram expedidos, mas a Amazon só pagava pelos livros muitas semanas depois. Empregava-se o caixa gerado em marketing, resultando em mais vendas.

A Amazon continua parcialmente comprometida com esse sistema de vendas. De acordo com o *The Wall Street Journal*, cerca de 40% dos produtos vendidos pela empresa em 2015 foram fornecidos por vendedores terceirizados, ou seja, que expõem seus produtos no site da Amazon, mas lidam diretamente com o atendimento de pedidos e os estoques.

"A Amazon lucra com vendedores externos ao ganhar uma comissão percentual quando os produtos deles são vendidos", publicou o *Journal*. "Alguns analistas acreditam que a margem de lucro seja maior nos itens vendidos por terceiros do que naqueles vendidos diretamente pela Amazon." E a empresa com certeza não está imobilizando seu dinheiro nas vendas terceirizadas. Por ser um exemplo tão eficaz de como fazer negócios hoje em dia, recorreremos à Amazon com frequência.

Mas não são apenas as empresas virtuais que geram caixa. Muitas que surgiram durante a "velha economia", como GE, McDonald's, United Technologies e Berkshire Hathaway, também são prolíficas nesse sentido. A GE, por exemplo, tem gerado caixa de forma sistemática há 25 anos. Usando a automação com brilhantismo e ampliando a eficiência em sua fabricação, reduziu as necessidades de estoque e aumentou a capacidade fabril.

Quando administrado de modo sensato, o caixa melhora a capacidade da empresa de ganhar dinheiro. Além disso, há nele um componente psicológico: quando uma empresa dispõe de caixa próprio, sem com isso precisar recorrer a empréstimos, a alta administração inclina-se mais a fazer investimentos ousados com maior potencial de recompensas. Prova disso é a transição da Amazon de uma mera livraria on-line para um dos maiores varejistas do mundo.

Margem bruta

Um aspecto fundamental da geração de caixa é entender o que é margem bruta. Se você assimilar o conceito, logo vai dominar o cerne do seu negócio, a anatomia subjacente à margem bruta da empresa.

Mas, antes de abordarmos esse assunto, precisamos recuar um pouco para falar sobre margens em geral. Neste livro, usamos o termo "margem" em referência à margem de lucro líquida, isto é, o dinheiro que a empresa lucra após pagar as despesas (os custos associados à produção e à venda do produto, bem como à gestão da empresa e ao pagamento não só de juros por eventuais empréstimos, mas também do imposto de renda).

No entanto, a margem bruta ocorre um passo antes.

Ela é calculada considerando-se as vendas totais da empresa (ou de uma linha de produtos) e subtraindo-se os custos diretamente associados à sua produção ou compra, isto é, o custo das matérias-primas usadas para criar os produtos somado aos custos diretos de mão de obra. O "custo dos produtos vendidos" não inclui despesas indiretas como vendas e custos de administração em geral ou custos de distribuição.

Há um processo em duas etapas para calcular a margem bruta. Primeiro você subtrai o custo dos produtos vendidos das receitas totais da empresa. Normalmente não é necessário fazer a conta, pois consta na demonstração do resultado da empresa. Depois você divide essa cifra pelas receitas totais para chegar a uma porcentagem. Segue a fórmula:

$$\frac{\text{Receita} - \text{Custo dos produtos vendidos}}{\text{Receita}} = \text{Margem bruta}$$

Assim, se produzir um produto custa oitenta dólares em matérias-primas e mão de obra e você o vende por cem dólares, a margem bruta é de 20%:

$$\frac{100 - 80}{100} = 0{,}20 \text{ ou } 20\%$$

Vamos tomar de novo o exemplo da sapataria da minha família. Digamos que nossa loja venda mil pares de sapatos a cinquenta dólares cada, totalizando, assim, um valor de 50 mil dólares (50 x 1.000). E digamos que o custo diretamente associado aos produtos seja de 30 mil dólares (30 por par x 1.000 pares). Então a base de cálculo para nossa margem bruta é 20 mil (50 mil de vendas totais - 30 mil do custo dos produtos vendidos = 20 mil).

Como vimos na fórmula, a margem bruta pode ser expressa em porcentagem:

$$\frac{50 \text{ mil de vendas totais - 30 mil do custo dos produtos vendidos}}{50 \text{ mil de vendas totais}} = 0{,}40 \text{ ou } 40\%$$

Portanto, é válido afirmar que o negócio da minha família tem uma margem bruta de 40%.

Embora o cálculo da margem bruta seja simples, entender os elementos implícitos nela fará de você um grande empreendedor. Quais produtos, clientes, preços, canais de distribuição e estrutura de custos produzem esse número? Algum deles poderia ser alterado para que a margem bruta aumente? E os custos de matérias-primas e mão de obra poderiam ser reduzidos (o que também aumentaria a margem bruta)?

Perguntas desse tipo lhe permitem analisar de fato a empresa. Muitos empreendedores e investidores monitoram a margem bruta, pois ela fornece pistas sobre mudanças importantes para a empresa. Por exemplo, se sua margem bruta cai de 52% para 48%, você precisa pesquisar as razões para isso ter acontecido. Os seus produtos estão com um custo maior ou o custo se manteve, mas a concorrência acabou forçando sua empresa a reduzir os preços? Ou será que a margem bruta caiu porque os clientes estão mudando e você está vendendo mais produtos com margens menores e menos produtos com margens maiores? A tendência de queda persistirá?

Nos primórdios do computador pessoal, a indústria de PCs auferia margens brutas próximas de 38%. Aí veio a era da competição intensa, o que levou o preço do PC a despencar de forma drástica, reduzindo substancialmente as margens brutas para 12%. Para sobreviverem, os fabricantes desse ramo de negócios tiveram que mudar toda a sua abordagem. A IBM retirou-se do ramo e a Dell fechou o capital, livrando-se da pressão dos acionistas por lucros trimestrais, enquanto mudava sua estratégia.

Retorno sobre o capital investido – ROIC

Talvez você pense que ganhar dinheiro significa apenas lucrar. Entretanto, é mais do que isso.

Não importa o tamanho ou o tipo, cada empresa utiliza o próprio dinheiro e/ou o de terceiros para crescer. Para entender melhor, é como se você usasse suas poupanças ou pegasse dinheiro emprestado do banco. Isso representa seu capital. A pergunta é: você e sua organização empregam bem esse montante?

Para descobrir, o CEO aplica uma fórmula simples em que se divide o lucro líquido pelo capital total (seu dinheiro mais qualquer quantia que tenha pedido emprestada):

$$\frac{\text{Lucro líquido}}{\text{Capital total investido}} = \text{Retorno sobre o capital investido}$$

A resposta fornece o número conhecido como retorno sobre o capital investido (ROIC, na sigla em inglês) ou, como algumas pessoas preferem, remuneração do capital (ROC). Quanto mais elevado o número, melhor o uso do capital.

Existe uma correlação perfeita entre o fato de uma empresa usar bem seu capital e a reputação de seu CEO, conforme observa David Trainer – CEO da New Constructs, uma empresa de pesquisas independentes de Nashville, Tennessee – em um de seus blogs.

Quando a *Fortune* publicou a lista de 2016 dos 50 maiores empreendedores – com base em indicadores objetivos, como rentabilidade, crescimento e retorno para o acionista, e também em liderança e projetos estratégicos do CEO –, Trainer notou um padrão: os dez melhores CEOs alcançaram ROICs de dois dígitos ou mais, conforme verificamos a seguir:

EXECUTIVO	NOME DA EMPRESA	SIGLA	ROIC
Tim Cook	Apple	AAPL	235%
Ajay Banga	MasterCard	MA	118%
Andrew Wilson	Electronic Arts	EA	30%
George Scangos	Biogen	BIIB	30%
Larry Page	Alphabet	GOOGL	26%
Mark Parker	Nike	NKE	25%
Howard Schultz	Starbucks	SBUX	21%
Steve Ells e Montgomery Moran	Chipotle	CMG	17%
Mark Zuckerberg	Facebook	FB	15%
Mary Dillon	Ulta Salon	ULTA	12%

Algumas pessoas consideram o retorno sobre o patrimônio líquido (ROE), que se baseia num cálculo similar mas usa apenas o capital fornecido por investidores que possuem ações da empresa e exclui quaisquer dívidas:

$$\frac{\text{Lucro líquido}}{\text{Patrimônio líquido (ativo - exigível)}} = \text{Retorno sobre o patrimônio líquido}$$

Ou usam a fórmula do retorno sobre o ativo:

$$\frac{\text{Lucro líquido}}{\text{Ativos totais}} = \text{Retorno sobre o ativo}$$

> **Quando se trata de avaliar a saúde da empresa, um bom CEO não se preocupa tanto com a precisão e recorre ao retorno sobre o capital investido (ou um indicador semelhante) para ter uma ideia da situação da empresa. Ela está melhor do que nos anos anteriores? O retorno sobre o capital investido é maior que o dos concorrentes? A empresa está posicionada onde deveria? E que caminho está seguindo?**

Vou provar que é possível compreender esses cálculos simples sem ter tido uma educação formal em negócios. Anos atrás, levei um grupo de estudantes de MBA para um mercado ao ar livre perto de Manágua, na Nicarágua. A maioria dos vendedores era composta por mulheres que vendiam de tudo: de abacaxis a camisas e colares.

Abordamos uma que comercializava roupas numa lojinha e perguntei a ela como conseguia o dinheiro para pagar as mercadorias. Ela respondeu que pedia empréstimos, pagando 2,5% de juros ao mês. Um estudante rápido fez a conta – 2,5% multiplicados por 12 meses – e concluiu que a taxa de juros alcançava impressionantes 30% ao ano. A mulher me lançou um olhar desaprovador e afirmou, em espanhol, que o rapaz estava errado. Em juros compostos mês a mês, a taxa na verdade chegava a 34% anuais.

Qual era a margem dela? Apenas 10%. Assim, tivemos que lhe perguntar como conseguia sobreviver pegando dinheiro emprestado de agiotas que cobravam 34% ao ano.

Aborrecida com a pergunta, a mulher fez vários e amplos movimentos circulares no ar: giro ou rotatividade dos estoques. Sabia de forma intuitiva que um bom retorno dependia de dois ingredientes: margem de lucro e velocidade. Se vendesse uma blusa por dez dólares, lucrava apenas um dólar. Para pagar os juros do empréstimo e reabastecer seu estoque, precisava vender muitas mercadorias por dia. Quanto mais vendia, mais "10%" acumulava.

A palavra "velocidade" remete à ideia de rapidez, rotatividade e movimento. Considere as matérias-primas seguindo etapa a etapa até se tornarem produtos acabados; pense nestes sendo retirados das prateleiras rumo ao cliente. Isso é velocidade.

Ou imagine um mercadinho que só aceita dinheiro. Suponha que quase todo o capital está investido em estoques. O comerciante esvazia as prateleiras e substitui os produtos todos os dias ou precisa de uma semana para ter de repor os produtos? O primeiro cenário apresenta mais velocidade do que o segundo.

> **Para muitas empresas, a velocidade dos estoques é um número bastante revelador.**

Algumas pessoas usam a expressão "giro de estoque" para especificar a rapidez de movimentação dos estoques. Não importa a terminologia, porque o conceito é o mesmo. Quantas vezes o estoque gira durante um ano? O Walmart faz 360 giros de estoque de papel higiênico por ano, o que significa que o estoque desse produto é todo vendido quase diariamente. Portanto, todos os dias o Walmart recupera o dinheiro que gastou em papel higiênico, acrescido de certo lucro. Um uso magnífico do espaço de prateleira e do caixa.

Descobrir a velocidade de qualquer ativo requer a mesma aritmética simples: as vendas totais em determinado período divididas pelo valor do ativo. Se você quer calcular a velocidade dos estoques, divida o valor das vendas totais pelo valor total dos estoques. Mas não tente decorar a fórmula. Capte a *ideia* de velocidade. Pergunte: quanto tempo se passa desde a chegada de um produto até o momento em que é comprado pelo cliente? Qual é a duração do instante em que a empresa recebe matérias-primas e peças até a venda do produto final? Numa empresa, as coisas precisam se mover rumo ao cliente, e quanto mais rápido, melhor.

Nos Estados Unidos, transcorrem em média 72 dias do momento em que um carro está pronto para ser expedido da fábrica até a hora que o consumidor o leva da loja. Durante esse tempo, o dinheiro empregado na compra das peças e na produção do carro está imobilizado. O fabricante não consegue obtê-lo de volta enquanto o carro não for pago pelo consumidor. Se isso acontecer em pouco tempo, o fabricante terá bem menos dinheiro imobilizado num produto que está parado numa via férrea ou num caminhão-cegonha. É isso que significa mover-se mais rápido. Isso é velocidade.

Quanto mais velocidade, maior o retorno, que na verdade nada mais é do que a margem de lucro multiplicada pela velocidade. Essa lei universal dos negócios pode ser apresentada simplesmente como:

$$\text{Retorno (R)} = \text{Margem (M)} \times \text{Velocidade (V)}$$

Ou

$$R = M \times V$$

Vale a pena memorizar essa fórmula extremamente útil. O R é enunciado como uma porcentagem: 8% de retorno, 10% de retorno, 15% de retorno, um único número que pode ser usado para comparação.

Tornar a velocidade significativa

Muitas pessoas focam na margem de lucro, mas ignoram a velocidade. Aí está um elemento que diferencia os CEOs de sucesso dos demais executivos: eles pensam em margem e velocidade, o ponto central para entender como uma empresa de fato funciona.

> Focar nas margens de lucro é bom, mas não basta. Os melhores empreendedores, aqueles que serão promovidos, focam também na velocidade.

A velocidade é importante para todas as empresas. Consideremos uma que tem muitos ativos "fixos", como a AT&T. Ela faz um investimento gigantesco em fios, cabos, satélites e torres de micro-ondas. Com a redução dos preços das chamadas de voz interurbanas, ocasionada pela diminuição da demanda e pela retração das margens no negócio de celulares (graças, em grande parte, à competição intensa), a única forma de melhorar o retorno sobre o capital investido é focar na velocidade.

Como? Oferecendo serviços de celular, internet e televisão por meio de uma rede.

À medida que você aprimora suas habilidades de negócios, pense bem não só no retorno sobre o capital investido, mas também em seus dois elementos: velocidade e margem de lucro. Examine o ROIC de sua empresa e questione-se: nos últimos anos, o retorno vem aumentando ou caindo? Está acima ou abaixo da média dos concorrentes? Se estiver abaixo, o que fazer para melhorar a situação? Se estiver acima, investigue quais as empresas em qualquer setor que têm as maiores margens, a maior velocidade ou o maior retorno sobre o capital investido. O que pode aprender com elas?

Na verdade, o ROIC precisa ser superior ao custo do próprio capital, ou seja, o custo de usar seu dinheiro e o de outras pessoas (bancos e acionistas). Se o retorno não exceder o custo do capital (que normalmente é de 8% ou mais), os investidores ficarão insatisfeitos, porque a administração estará destruindo a riqueza dos acionistas. Em algumas empresas, há unidades de negócios, divisões ou linhas de produtos que não interferem no custo do capital investido e, portanto, precisam melhorar o retorno ou ser extintas. Visando empregar o capital da empresa da forma mais eficiente possível, muitos CEOs ou executivos de unidades decidem vender (ou se desfazer de) uma unidade ou suspender uma linha de produtos.

Você pode ajudar sugerindo maneiras de melhorar o retorno. Por exemplo, se trabalha para uma empresa automobilística, pode ser que constate que o retorno gerado pelos carros pequenos está insuficiente. Montadoras espalhadas pelo mundo costumam alcançar um retorno inferior a 2% com esse tipo de veículo, o que representa menos que o custo do capital. Como a empresa poderia gerar um retorno maior? Ou, se você trabalha em uma empresa de software, lembre-se da fórmula do retorno sobre o capital investido:

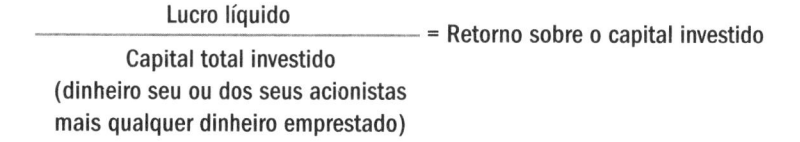

$$\frac{\text{Lucro líquido}}{\substack{\text{Capital total investido} \\ \text{(dinheiro seu ou dos seus acionistas} \\ \text{mais qualquer dinheiro emprestado)}}} = \text{Retorno sobre o capital investido}$$

Como o denominador é muito pequeno, qualquer instrumento que aumente o lucro líquido pode gerar um grande efeito.

Dar uma boa observada nas realidades subjacentes a geração de caixa, margem, velocidade, retorno sobre o capital investido e crescimento fornece pistas sobre onde focar e o que mudar.

Crescimento

O crescimento é vital para a prosperidade. Todas as pessoas, empresas e economias nacionais precisam crescer. Você trabalha para uma empresa que vem crescendo? Esse crescimento tem acontecido com rentabilidade?

Se a empresa não está crescendo com rentabilidade, ou se a sua unidade de negócios está atrás dos concorrentes, o seu progresso pessoal ficará comprometido, impedindo-o de ser promovido. A alta direção vai começar a cortar custos e a reduzir o número de funcionários. Passará a restringir a P&D e a publicidade. Funcionários competentes acabarão saindo, e a empresa despencará num redemoinho fatal, um processo que prejudicará a todos, inclusive você.

> Ou você está crescendo, ou está morrendo.

Hoje em dia, não crescer significa ficar para trás num mundo que se expande a cada momento, em termos de grandes tendências ou empresas individuais. Vamos falar agora sobre as macrotendências.

Você esteve em alguma loja de discos há pouco tempo? Deixou algum filme fotográfico para ser revelado? Usou um telefone público? Comprou um mapa impresso? Precisou pedir a uma telefonista que completasse uma ligação para você? Encomendou uma enciclopédia? Alugou filmes em alguma locadora? Contratou um agente de viagens para programar férias de rotina ou uma viagem de negócios? Comprou uma unidade de GPS autônoma?

Provavelmente não. E todas as empresas que costumavam prestar esses serviços estão em dificuldades ou encerraram as atividades.

Quanto a empresas individuais, ainda que estejam indo "bem", ficam atrás da concorrência. Não faz tanto tempo, a Honeywell e a United Technologies, por exemplo, eram igualmente significativas. Isso não surpreende, pois ambas são bastante notórias nos setores aeroespacial e de construção. Entretanto, mais recentemente a Honeywell vem se saindo melhor: houve aumento das margens, integração das aquisições e incentivo ao crescimento.

Porém não basta "ir bem". A United Technologies está ficando para trás.

Avaliando por um viés psicológico, o crescimento energiza uma empresa; afinal, se está se expandindo, atrai pessoas talentosas com ideias novas, desafia esses funcionários e cria oportunidades inovadoras. Funcionários gostam que os clientes digam que a empresa onde atuam é a melhor e que vão contratar seus serviços novamente. Querem ser parte de uma empresa que continuará em atividade para poderem delinear um futuro.

Eis uma prova disso: em 2015, um em cada seis graduados do MBA de Stanford era proprietário de uma empresa. E, mesmo sem empresas próprias, um segmento significativo dos formados nas grandes escolas de negócios está ingressando em empresas ainda em estágio inicial, segundo John A. Byrne, fundador e editor do Poets and Quants, um site voltado ao mercado de MBA: "Na Harvard Business School, 9% da turma que se formou em 2015 foi trabalhar em startups que estão em atividade há três anos ou menos."

Quais são os atrativos? O crescimento e toda a empolgação e as oportunidades decorrentes dele.

Crescer da maneira certa

O crescimento por si só não traz benefício algum, pois também precisa ser rentável e sustentável. É necessário, portanto, que esteja atrelado a margens e velocidade melhores, e a geração de caixa precisa ter ritmo. (Veja o boxe "O que é um bom crescimento?") A seguir, três histórias ilustrarão tais afirmações.

Muitos empreendedores, ao saborearem o sucesso em pequena escala, ficam obcecados com o crescimento, afastando-se com o tempo dos conceitos básicos da obtenção de lucros. Infelizmente, é comum o caso do empreendedor que atendia a restaurantes, nossa história número um. Ele desenvolveu uma empresa rentável que instalava equipamentos de bebidas a um custo de 2 mil dólares por instalação e depois cobrava 100 dólares mensais do restaurante pelos equipamentos fornecidos.

Até aqui tudo bem. O problema é que ele tomou empréstimos para fazer as instalações e a margem sobre os ingredientes das bebidas era tão exígua que não cobria sequer o pagamento dos juros. No entanto, obcecado por crescimento, continuou instalando equipamentos em cada vez mais restaurantes. A saída de caixa logo ficou maior que o fluxo de dinheiro que entrava na empresa, o que levou os credores a decidirem que a empresa precisava de um novo CEO.

Eis a história número dois. Às vezes, a alta direção, sem se dar conta, encoraja o crescimento não lucrativo ao oferecer incentivos errados à equipe de vendas. Por exemplo, uma empresa de modelação por injeção de 16 milhões de dólares recompensava os representantes de vendas com base no valor das tampas plásticas vendidas, sem que precisassem prestar contas dos lucros. Todos se empolgaram quando a empresa conseguiu novas vendas de 4 milhões de dólares para dois grandes clientes. No entanto, tais contratos vultosos tinham margens pequenas, que não bastavam para gerar o caixa necessário ao financiamento das vendas.

O crescimento mal gerenciado pode assumir várias formas, como revela esta terceira história. Para acelerar seus negócios numa unidade importante, uma empresa de construção contratou um novo chefe de divisão, o possível sucessor do CEO da empresa controladora, e esse cargo funcionou como um teste notável para verificar se ele estava preparado.

O novo gerente acreditou que poderia ampliar de forma significativa a participação da empresa no mercado por meio da redução dos preços. De início, até obteve sucesso. Nos três meses seguintes, cresceram não apenas as vendas, mas também a participação da unidade no mercado.

Entretanto, a concorrência reagiu à altura. No afã de preservarem sua participação no mercado para conseguir cobrir os elevados custos fixos, os concorrentes também resolveram reduzir os preços. O resultado? Todas as reduções de preço minguaram receitas, lucros e geração de caixa por todo o setor, prejudicando a empresa de construção bem como todas as demais.

A empresa controladora se viu obrigada a revisar suas estimativas de lucro três vezes nos 12 meses seguintes e o chefe de divisão *seguinte* precisou de dois anos para estabilizar a situação.

O QUE É UM BOM CRESCIMENTO?

Empresas que prosperam no longo prazo aumentam o faturamento e o lucro de forma sistemática com o passar do tempo. E o fazem por meio do bom crescimento, que apresenta as seguintes características: é rentável, orgânico, diferenciado e sustentável. Vejamos os quatro fatores a seguir:

- **Rentável.** O bom crescimento deve ser não só rentável como também eficiente em relação ao capital, ou seja, necessita gerar uma quantia superior àquela que a empresa receberia se aplicasse o dinheiro em algo ultrasseguro, como títulos públicos federais.
- **Orgânico.** O bom crescimento flui das realizações da empresa de forma natural. Isso, além de eficaz, desenvolve a criatividade da organização.
- **Diferenciado.** Você não deve fornecer um produto ou um serviço que seja visto como uma mercadoria-padrão. Os clientes precisam preferir o seu produto, senão você jamais ganhará muito dinheiro.
- **Sustentável.** Você não deve buscar um aumento meteórico das receitas. A meta é que o crescimento aconteça de modo gradativo, ano após ano.

Crescimento por si só não equivale a sucesso

A falência costuma ser o triste fim de planos de expansão equivocados.

Não considere que o tamanho do seu negócio é um indicador de sucesso, pois batalhar por mais vendas não implica necessariamente um bom negócio. Você precisa saber como e por que está crescendo, e também refletir sobre as chances de continuidade desse crescimento.

Examine seu caixa. Talvez, ainda que as vendas continuem aumentando, a situação do caixa esteja piorando. Pergunte-se sobre o que pode estar dando errado. Será que as margens de lucro estão diminuindo? Em caso positivo, por quê?

Mas, se as vendas estão aumentando e o caixa também, há algumas opções interessantes, por exemplo usar os recursos para desenvolver um produto novo, para comprar outra empresa ou, ainda, para se expandir. Talvez valha a pena reduzir os preços para aumentar a rentabilidade da demanda, de modo que cresça ainda mais rápido.

Encontrar oportunidades de crescimento rentável quando os outros não conseguem é uma habilidade-chave que você precisa ter.

Veja o caso de Sam Walton. O fundador do Walmart já sabia como desenvolver um negócio, mesmo quando os colegas do setor julgavam impossível. Em 1975, o CEO da então Sears Roebuck contou à minha turma na Northwestern que o varejo nos Estados Unidos era um negócio maduro, sem chance de mais crescimento. Ciente disso, Walton diversificou em serviços financeiros e, nesse ínterim, continuou abrindo lojas novas, enquanto mantinha uma remuneração do capital bem acima da média do setor.

E, como costumam dizer, o resto é história. O Walmart registrou quase meio *trilhão* de dólares (485,7 bilhões) em vendas, lucrou 16,4 bilhões de dólares em 2015 e vem dominando cada vez mais o comércio eletrônico. No entanto, a Sears, que há muito se desfez de sua divisão de serviços financeiros, em 2015 registrou seu 11º prejuízo trimestral consecutivo, com receitas de 25 bilhões e prejuízos que ultrapassaram 1 bilhão de dólares.

Talvez as oportunidades de crescimento rentável não sejam óbvias, sobretudo para empresas grandes e consagradas. Mas com garra, tenacidade e disposição para correr riscos, você e seus colegas vão descobri-las.

Por onde começar? Pense como um CEO e se pergunte: "Como ganharemos dinheiro e seremos rentáveis dando aos clientes o que desejam?" A partir daí, examine sua empresa de ponta a ponta.

Não importa a área de atuação, você provavelmente vai conseguir dividir em dois aspectos as atividades que observar:

1. Tudo que ela faz para produzir produto ou serviço.
2. Tudo que faz para vendê-lo.

Avalie ambos os aspectos para encontrar a oportunidade.

A caixa do crescimento pode ajudar

Um dos melhores meios para ajudá-lo a localizar oportunidades é completar o que chamo de caixa do crescimento.

Desenhe o seguinte:

A CAIXA DO CRESCIMENTO

	CLIENTES EXISTENTES	CLIENTES NOVOS
NOVAS NECESSIDADES	**B** Clientes existentes com novas necessidades	**C** Clientes novos com novas necessidades
NECESSIDADES EXISTENTES	**A** Clientes existentes com necessidades existentes	**D** Clientes novos com necessidades existentes

É bem possível que o simples ato de pensar nos grupos citados nos quadrantes faça você ter ideias para aumentar a rentabilidade das receitas. Seguem alguns exemplos de como isso ocorre.

No quadrante A (clientes existentes com necessidades existentes), você vai tentar expandir a lagoa onde pesca seus negócios, redefinindo sua atividade atual para ser mais claro, mas sem deixar de ser fiel à essência do seu negócio. É assim que os grandes varejistas agem. Por exemplo, empresas de varejo em geral, como a Target, acrescentaram itens comestíveis na tentativa de ampliar a carteira de clientes. Algumas redes de materiais de construção, como a Home Depot e a Lowe's, colocam os clientes em contato com os empreiteiros que instalam os produtos comprados. Pensar no quadrante A deve ajudá-lo bastante a identificar um mercado adjacente que você poderá atender.

O quadrante B (clientes existentes com novas necessidades) lhe permite buscar conjunturas nas quais nem você nem seus concorrentes estão resolvendo um problema do cliente. Portanto, observe o comportamento dos clientes (atuais e potenciais) para descobrir o que desejam. Foi isso que a Toyota fez ao criar o Lexus. Observando que os clientes tradicionais estavam ascendendo na escala social, a montadora criou um carro melhor que um Cadillac e com mais valor que um Mercedes (custava menos, mas era igualmente bom) para satisfazer as novas necessidades dos clientes.

O quadrante C (clientes novos com novas necessidades) vai fazê-lo refletir sobre ingressar num negócio novo. Essa deve ser sua primeira opção caso sua estratégia atual apresente problemas ou tenha se tornado obsoleta por alguma súbita mudança no mercado. A Nokia costumava vender mais celulares do que qualquer outra empresa. Mas, depois de ser adquirida em 2014 pela Microsoft, a companhia tem se voltado à venda de equipamentos e softwares de rede sofisticados para empresas de telecomunicações.

A Avon é um bom exemplo de empresa que levou em conta o grupo do quadrante D (clientes novos com necessidades existentes). Ela identificou um novo segmento de clientes: adolescentes preocupadas com a aparência, similar à base tradicional de clientes, mulheres com 20 anos ou mais. Portanto, a Avon passou a atendê-las por meio dos recursos já existentes: as tradicionais "moças da Avon", catálogos e site.

Note que a caixa do crescimento é uma ferramenta simples e eficaz para tentar detectar novas oportunidades. Para tanto, basta tentar responder a quatro perguntas:

- Como podemos satisfazer uma necessidade existente de nossos clientes existentes? (quadrante A)
- Quais novas necessidades de nossos clientes existentes podemos satisfazer? (quadrante B)
- Devemos ir atrás de clientes novos com novas necessidades? (quadrante C)
- Como vender o que já temos para clientes novos? (quadrante D)

4

O NEGÓCIO EM SUA TOTALIDADE

Se você e sua empresa almejam sucesso,
precisam entender de fato o negócio.

Depois da exposição dos conceitos básicos no capítulo anterior, vamos agora aplicá-los ao seu negócio.

Os elementos da obtenção de lucros que já discutimos – clientes, geração de caixa, retorno sobre o capital investido e crescimento – podem ser mensurados. Mas não basta memorizar como fazer isso. O que você quer de fato é:

A. entender profundamente esses quatro elementos básicos de uma organização rentável;
B. saber como combiná-los para criar um quadro mental e assim se tornar apto a avaliar a situação de qualquer organização – mas especialmente da sua.

Alguém que compreenda de fato o negócio sabe que, se uma empresa sempre se preocupa em melhorar a produtividade, as margens aumentam e gera-se caixa. Quando as margens e a velocidade progridem, você consegue liberdade de ação para atender melhor os clientes e assim conquistar uma fatia maior do mercado, fazendo sua empresa crescer.

> **Para compreender o negócio em sua totalidade e de forma intuitiva, o verdadeiro empreendedor deve dominar a relação que existe entre clientes, geração de caixa, retorno sobre o capital investido e crescimento.**

Esse processo vem acontecendo desde sempre, como provam os arquivos da Ford Motor Company e o livro *The Public Image of Henry Ford* (A imagem pública de Henry Ford), de David L. Lewis. Henry Ford se orientava por uma noção de como seu negócio gerava lucros. Sabendo o que era importante para os clientes, a Ford não apenas fez avanços lendários na fabricação, basicamente sendo precursora da linha de montagem industrial em larga escala, mas também reduziu o preço, ano após ano de 1909 a 1915, dos então revolucionários automóveis.

A Ford parecia entender que a relação entre preços menores e salários maiores contribuía para a obtenção de lucros. Em 1914, Ford anunciou que sua empresa pagaria aos operários um mínimo de 5 dólares por dia, um aumento gigantesco, considerando-se que antes eles ganhavam 2,34 dólares por dia, valor oferecido por outras montadoras.

Salários mais altos possibilitaram que mais pessoas comprassem um carro. Um estudioso francês sintetizou o fenômeno: o salário de 5 dólares por dia "tornava cada trabalhador um cliente potencial". E mais clientes implicavam mais receita e lucros e, portanto, mais liberdade para reduzir preços. Preços mais baixos tornaram os carros acessíveis a ainda mais pessoas, e assim por diante.

Outra história ilustra com ainda mais clareza a visão de negócios de Henry Ford. Em 1916, os irmãos Dodge, que tinham participação acionária na Ford, processaram a empresa porque queriam receber dividendos maiores. Durante o processo judicial, o advogado de acusação colocou em questão a competência de Henry Ford, querendo saber como os proprietários – os acionistas – se beneficiariam se a Ford continuasse "empregando um grande exército de homens com salários elevados e reduzindo o preço de venda do automóvel para que inúmeras pessoas pudessem comprá-lo".

Ford adorou o argumento do advogado e respondeu ao que era para ser uma pergunta afrontosa: "Se você fizer tudo isso, o dinheiro cairá em suas mãos; não dá para escapar dessa realidade."

Henry Ford sabia que a Ford Motor Company detinha uma fórmula vitoriosa. Os elementos para obtenção de lucros – clientes, geração de caixa, retorno sobre o capital investido e crescimento – e as relações entre eles criavam um negócio vigoroso que continuaria gerando dinheiro.

E Henry Ford divertia-se com isso. Você ficará empolgado da mesma forma se começar a aplicar as leis universais dos negócios à sua empresa.

Comece por aqui

Comece pelos conceitos básicos da obtenção de lucros. Depois, tente compreender como funcionam juntos. Veja sua empresa com os olhos de um vendedor ambulante. Você provavelmente já sabe muito sobre ela – por exemplo, os tipos de produto ou serviço que vende, quantas fábricas possui, quais os principais clientes e fornecedores. Um vendedor ambulante conhece dados semelhantes: os fornecedores dele, por exemplo, são as pessoas que lhe fornecem as frutas que são vendidas.

No entanto, agora se faz necessário apontar a diferença entre o vendedor ambulante e a maioria das pessoas nos negócios. Tente responder às seis perguntas a seguir sobre vendas, margens, velocidade, retorno sobre o capital investido, geração de caixa e participação no mercado. Para ajudá-lo a visualizar como sua empresa funciona de fato, você pode preencher a tabela abaixo.

	AUMENTANDO	DIMINUINDO	ESTÁVEL	MOTIVO
Vendas				
Margem bruta				
Margem de lucro líquida				
Velocidade				
Retorno sobre o capital investido				
Geração de caixa				
Participação no mercado				

Vejamos as perguntas:

- **Como foram as vendas nos últimos 12 meses?** Sua empresa está crescendo? As receitas estão aumentando, diminuindo ou permanecem estáveis? Qual é a tendência? No futuro, quais serão as consequências desse crescimento? Se for rentável, é um bom sinal, pois indica que você está atendendo os clientes. Mas será que é suficiente? Responda comparando as taxas de crescimento de sua empresa com as dos concorrentes. Quais os clientes mais difíceis? Isso tende a mudar?

- **Qual é a margem bruta de sua empresa?** Está aumentando, diminuindo ou permanece estável? Qual é a expectativa para os próximos meses e anos? A margem bruta está abaixo ou acima da dos concorrentes?
- **Qual é a margem de lucro líquida de sua empresa?** Essa taxa vem aumentando ou diminuindo? E qual é a relação entre a margem e o crescimento das vendas? Um aumento das vendas com margens decrescentes talvez indique um problema. Seu mix de clientes ou de produtos está mudando? O que está provocando o aumento ou a diminuição da margem?
- **Você sabe qual é a velocidade dos estoques de sua empresa?** Como comentamos no Capítulo 3, quanto mais rápido, melhor. E isso significa que quanto mais rápido seus produtos são vendidos, com mais rapidez você libera caixa (enquanto reduz o risco de ficar com produtos parados ou até obsoletos). Essa velocidade está aumentando, diminuindo ou permanece estável? O resultado dos concorrentes está em média melhor ou pior que o de sua empresa? Por quê? Quais produtos/serviços vendem mais rápido? Sabe por quê? O que pode fazer para acelerar as vendas dos itens com saída mais lenta? Você mantém estoques obsoletos? Se sim, a quantidade deles está diminuindo ou aumentando?
- **Qual é o retorno sobre o capital investido de sua empresa?** Se você sabe a margem e a velocidade, pode calcular o retorno usando a fórmula $R = M \times V$. Compare o resultado com o desempenho passado da empresa e o dos concorrentes. O ROIC está aumentando, diminuindo ou permanece igual? O que pode fazer para melhorar o desempenho de sua empresa?

- **A geração de caixa de sua empresa está aumentando ou diminuindo?** Por que a empresa está seguindo tal caminho? Qual é a tendência? Essa taxa está melhor ou pior que a dos concorrentes? O que pode fazer para melhorar esse montante?
- **Sua empresa está ganhando ou perdendo participação em relação aos concorrentes?** No longo prazo, como os mercados tendem a se ampliar, sua empresa precisa crescer para acompanhar o ritmo dessa expansão. Caso contrário, sua parcela de mercado ficará cada vez menor. Como vimos, os empregados se sentem mais motivados quando trabalham para uma empresa em crescimento. E pessoas competentes querem ingressar numa companhia capaz de dominar e reformular um setor. Da mesma forma, ninguém gosta de trabalhar para uma organização estagnada ou em processo de regressão. Se a empresa trilha o caminho errado, as pessoas mais capacitadas tendem a abandoná-la – o que apenas acelera o declínio.

Quais foram suas respostas?

Se você respondeu às perguntas sobre sua empresa, está usando a linguagem universal dos negócios e alcançando um quadro do *negócio total*, como um lojista ou vendedor ambulante. E, como acabou de constatar, não precisa de muitos números para chegar lá; basta que atente às perguntas que acabamos de fazer.

Digamos que sua empresa seja uma geradora de caixa líquido (com ótimas margens em comparação com as dos concorrentes, mas baixas se comparadas com outros setores), o crescimento das vendas não ocorra como você gostaria e a velocidade seja baixa. O que faria? Você teria uma ideia melhor na qual se concentrar? Poderia procurar meios de aprimorar a satisfação dos clientes ou aumentar a produtividade. Poderia concentrar-se no desenvolvimento de produtos novos e empolgantes e esforçar-se por lançá-los rapidamente. E poderia esforçar-se ainda mais para assegurar vultosos investimentos em áreas onde o negócio esteja crescendo lucrativamente.

Agora, digamos que você trabalhe para uma empresa que tenha margens razoáveis, velocidade dos estoques fantástica e ótimo retorno sobre o capital investido. A empresa está crescendo e, embora sua participação no mercado venha aumentando, ainda é pequena se comparada com a participação dos maiores concorrentes.

Uma participação mais significativa no mercado ajudaria bastante na concorrência contra os gigantes. Como esse quadro total da empresa o ajuda a focar sua atenção? Ele o estimularia a buscar meios de melhorar a participação no mercado por meio de novos produtos e serviços?

Se você trabalha para uma empresa de capital aberto, solicite ao departamento de relações com os investidores as informações necessárias para responder às perguntas anteriores. Fazendo isso, você vai inclusive demonstrar à administração que se dispõe a tentar ajudar o negócio em sua totalidade.

Se você trabalha para uma empresa de capital fechado, converse com o pessoal do departamento de finanças. Em meu trabalho com esse tipo de empresa, constatei que os gestores vêm se mostrando cada vez mais dispostos a compartilhar essas informações. Os funcionários querem saber se a empresa em que trabalham está em boa posição no mercado. E, se a gerência quiser reter os bons colaboradores, precisa mantê-los informados.

Mostre seu interesse aos gestores, que devem reagir de forma positiva. Talvez este livro os encoraje a compartilhar informações financeiras com mais frequência, e existem cada vez menos motivos para que não o façam. É provável que os clientes-chave da empresa e os concorrentes já disponham dessas informações; as empresas, sobretudo as maiores, querem ter certeza de que as organizações de capital fechado com que lidam estão em boa condição financeira. E, mesmo que dificilmente a gerência de uma empresa de capital fechado divulgue dados como o salário do CEO e outros números confidenciais, é fato que hoje em dia as informações financeiras andam bem mais expostas do que antes.

E numa empresa de capital aberto ou fechado talvez você consiga persuadir seus chefes de que a linguagem universal dos negócios não pertence apenas ao grupo executivo. Geração de caixa, margem, velocidade, retorno sobre o capital investido, crescimento e afins deveriam fazer parte do vocabulário de todos. Lembre-os de que os funcionários podem contribuir mais para a empresa quando sabem o que acontece de fato nela, podendo inclusive aplicar esses conhecimentos.

PARTE II
VISÃO DE NEGÓCIOS NO MUNDO REAL

5

COMPLEXIDADE DO MUNDO REAL: DEFINIÇÃO DO CAMINHO E DAS PRIORIDADES

Foco. Foco. Foco.

Agora você já conhece alguns elementos do mundo do vendedor ambulante e do CEO e sabe como há pontos em comum. Vamos então contemplar mais de perto os CEOs. Seja em empresas de pequeno, médio ou grande porte, os melhores deles sabem aplicar a habilidade do vendedor ambulante para se embrenhar na complexidade dos negócios. Usam o termo "visão de negócios" – em vez do mais simples "esperteza de rua" – para definir um caminho que impulsione a empresa e fixam prioridades claras e específicas, ou itens de ação, que vão gerar dinheiro e criar riqueza para acionistas e proprietários.

Lembre-se sempre dos conceitos básicos dos negócios para se embrenhar na complexidade e definir as prioridades e o caminho certos. CEOs de alto nível apontam três prioridades que, combinadas, levarão a empresa para onde for e dedicam tempo e atenção a elas. Também se baseiam nelas para direcionar os recursos.

Por que tão poucas prioridades? E apenas uma palavra, foco? Uma prioridade de negócios define a ação mais importante a ser realizada em dado momento. Muitas empresas acumulam tantas prioridades que seu foco acaba se dispersando, o que termina sendo prejudicial. A escolha das prioridades certas, dada sua complexidade, implica um intenso exercício mental.

Toda companhia passa por esse processo, seja ela tradicional, como a montadora General Motors, seja uma dessas que funcionam por meio de aplicativos, como a Lyft, empresa de transporte solidário.

A General Motors, por exemplo, é uma das maiores empresas do mundo, com receitas de 152 bilhões de dólares (em 2015) e 216 mil funcionários. Produz 10 milhões de veículos por ano (cerca de 27.400 por dia) em 37 países sob 13 marcas registradas, incluindo Chevrolet, Buick, GMC, Cadillac, Holden, Opel e Vauxhall, e as vendas são feitas em quase todos os países do mundo – as exceções são Coreia do Norte, Cuba, Irã, Sudão e Síria. Opera 396 instalações em seis continentes, cada uma com quadro econômico, moeda, tendências de consumo, dinâmica competitiva e preocupações sociais próprios. E essa complexidade reside apenas em nível macro. Além de todo esse cenário, pense em quantas formas diferentes um carro pode ser configurado, nas combinações de cores, no número de portas e nos pacotes de acessórios. A General Motors tem dezenas de concorrentes no mundo – não apenas outras montadoras, mas também bancos e cooperativas de crédito que competem com a GM Financial, seu braço de serviços financeiros. Acrescente a essa complexidade dois outros fatores totalmente incontroláveis e imprevisíveis: taxas de câmbio e de juros. Mary Barra, a CEO da GM, precisa lidar com essa realidade diariamente.

Apesar desse quadro tão complexo, cabe a Mary definir com clareza o que mais importa. Portanto, as prioridades da GM poderiam ser estas:

1. Dado que o mercado automotivo está mudando radicalmente por conta de fatores como compartilhamento de carros, carros autodirigidos e uso de algoritmos e inteligência artificial, a GM poderia se remodelar para desfrutar tecnologias que a ajudem a projetar carros mais rápidos e a atender melhor os clientes.
2. Encontrar os parceiros certos para evoluir ainda mais. (Discutiremos um deles, a Lyft, a seguir.)
3. E, finalmente, combinar os pontos 1 e 2 para se redelinear.

Da mesma forma, Logan Green, o CEO da Lyft (sediada em São Francisco), uma empresa de transportes de capital fechado, deve lidar com uma complexidade semelhante. O aplicativo da empresa facilita o transporte de pessoas, conectando motoristas de automóveis a passageiros que necessitam de condução.

Pense nos elementos envolvidos. É necessário projetar um app que possibilite que as pessoas peçam um carro de qualquer dispositivo móvel em qualquer local, e também outro para os motoristas, e ambos devem se sincronizar. Além disso, é fundamental a criação de um algoritmo que rastreie todos os motoristas disponíveis em dado momento para descobrir qual está mais próximo do local da pessoa que pede o carro. Depois, algumas questões devem ser pensadas: o passageiro quer um carro comum, um utilitário ou uma limusine? Está disposto a compartilhá-lo com mais alguém? (Em caso positivo, é preciso que os passageiros transportados pretendam seguir na mesma direção.) A conta é corporativa ou pessoal?

Além do mais, deve-se recorrer a um meio não só de encontrar e avaliar motoristas, mas também de eles saberem quanto devem receber. Para coroar essa complexidade, cabe à gerência acompanhar o que seu maior concorrente, a Uber, está fazendo, estimar como os órgãos reguladores vão reagir quando a Lyft quiser entrar em um mercado (cada país possui regras próprias) e entrever a mudança da demanda (por exemplo, a certa altura os passageiros americanos vão desejar chamar carros autodirigidos, o que justifica o projeto conjunto com a GM).

O que os melhores CEOs fazem

Ótimos CEOs usam a visão de negócios para testar a lógica das prioridades e a forma de conduzir o negócio. Para delinear o futuro, consideram o resultado de lucros da empresa, revisitando os conceitos básicos – clientes, caixa, retorno sobre o capital investido e crescimento. O foco nos fundamentos os ajuda a detectar quaisquer falhas e dá a eles a confiança de que caminham na direção certa, descobrindo oportunidades de ganhar dinheiro para satisfazer as necessidades do cliente.

Tomemos, por exemplo, Steve Jobs e a invenção do computador pessoal. Os componentes necessários – monitor, unidades de disco, mouse, teclado, microprocessadores, software e impressora – já existiam em meados da década de 1970. Portanto, as sementes estavam plantadas. Mesmo assim, quando lançou seu primeiro computador em 1976, a Apple pegou desprevenidos os gigantes da automação de escritórios, como Wang e Digital Equipment.

Jobs, em parceria com Steve Wozniak, teve a competência de antever o potencial lucrativo de uma máquina que prometia independência e liberdade. Não foi necessária a participação de nenhum capitalista de risco para que a Apple decolasse. Jobs ganhou dinheiro no primeiro mês e as vendas atingiram 1 bilhão de dólares em dez anos. As receitas atuais superam 200 bilhões de dólares e as margens de lucro líquidas já estão em torno de 20%.

Tente simplificar a complexidade dos processos. Lembre-se de considerar fatores internos e externos, e para cada uma das variáveis – coisas como câmbio, taxas de juros, regulamentação governamental e tendências do mercado – há a posição atual e também as projeções sobre o futuro. Observe o quadro geral e pense em como as variáveis poderiam se unir. Depois examine os fundamentos da obtenção de lucros funcionando em conjunto, levando em conta o que avalia que vai acontecer.

Digamos que você seja um gerente de marketing encarregado de quatro linhas de produtos: sabão em pó, detergente para louças, pasta de dentes e produtos de limpeza para a casa. Você sabe quais dessas linhas de produtos geram mais dinheiro? Consegue apontar a mais lucrativa? E a menos? Consegue indicar qual delas produz caixa e qual o consome? Uma linha de produtos é mais volátil que outras, ou seja, a demanda flutua e/ou está sujeita a intensa concorrência e/ou descontos vultosos?

Você precisa estar sempre preparado para reagir às mudanças das condições de mercado (e, ainda melhor, prevê-las). Para isso, tem que conhecer as respostas, assim como um vendedor ambulante sabe a diferença entre as maçãs e as laranjas que vende, as margens de cada fruta e qual delas vende mais.

Talvez você seja um engenheiro projetando um produto novo. Como esse item se enquadra na obtenção de lucro total da empresa? O design vai agradar aos clientes *e* obter uma boa margem? Incorpora os recursos que muitos clientes desejam? Os clientes acharão esse produto melhor que o do concorrente? O item vai exigir equipamentos novos, o que pode aumentar o consumo de dinheiro?

Se o projeto a que se dedica utiliza equipamentos existentes, ele poupa caixa. Se você conseguir mais vendas usando os mesmos ativos, os retornos aumentarão. Como engenheiro, você pode contribuir pensando dessa forma, isto é, exercitando a compreensão de como a empresa de fato funciona.

Pode ser que você atue na área de vendas, administrando muitos negócios e vendendo para muitos e significativos clientes. Mas eles são duros na negociação; querem descontos bons e condições de pagamento ainda melhores – 90 dias em vez dos 45 usuais. Nesse caso, recorra à sua visão de negócios para descobrir como criar valor para o cliente sem comprometer a rentabilidade. Se, por exemplo, você está vendendo para uma empresa como o Walmart, talvez encontre um meio de aumentar a velocidade dos produtos nas prateleiras das lojas. Afinal, quanto mais rápido forem vendidos, mais rápido o Walmart vai recuperar o investimento. Com uma velocidade maior, o Walmart se beneficia sem que você precise oferecer descontos adicionais. São soluções que evidenciam a chamada esperteza de rua, ou seja, você está empregando a visão de negócios de um vendedor ambulante.

> Todos na empresa deveriam ter que fazer um curso de uma semana sobre os fundamentos dos negócios para compreenderem como a empresa ganha dinheiro.

Quando assume mais responsabilidades, você pode se confrontar com mais complexidade e volatilidade. Portanto, recorra às ferramentas mostradas aqui a fim de conquistar a coragem para enfrentar esse cenário. Muitos líderes empresariais fracassam porque ficam indecisos ou sobrecarregados. Alguns CEOs não fixam prioridades claras ou então perdem o foco, e assim vivem mudando de ideia ou comunicando mal suas decisões, e a organização perde vigor.

Se, por outro lado, o CEO fixa prioridades empresariais, dando explicações com objetividade e frequência, os funcionários têm uma ideia mais adequada de como agir. Se você escolher as prioridades empresariais certas, a empresa florescerá.

Há casos em que os CEOs têm um sucesso passageiro porque conseguem engendrar fusões e aquisições e tecer relatos persuasivos para os analistas de valores mobiliários de Wall Street. Tais CEOs, conhecidos como negociadores, reúnem ativos.

Mais de uma vez ouvi algum membro de diretoria dizer: "Certo, ele entende de Wall Street, mas consegue converter essas aquisições dispendiosas em mais crescimento e retornos mais elevados?" Em muitos casos, substituíram-se reunidores de ativos seriais por líderes que, além de focarem nos conceitos básicos do negócio, seguiram o princípio de escolher três prioridades.

O CEO de uma empresa farmacêutica norte-americana é um bom exemplo, um homem muito elogiado em Wall Street por ter conseguido comprar uma fabricante europeia de remédios. As duas empresas tinham força e, juntas, virariam uma potência global. Os investidores ficaram satisfeitos, mas não por muito tempo, pois, logo depois da fusão das empresas, começaram a perceber que negociar e ter visão de negócios são coisas distintas. Como o CEO não fixou prioridades claras para a nova empresa, algumas atividades e funções redundantes não foram eliminadas com a rapidez necessária, então as duas empresas enfrentaram problemas em coordenar os esforços de marketing. Resultado: os benefícios esperados não foram alcançados – mais vendas, mais rentabilidade e redução de custos. Portanto, a diretoria pediu ao CEO que renunciasse a favor de um líder que focasse em prioridades fundamentais à obtenção de lucros.

Esse cenário tem se repetido muitas vezes.

6

DE GANHAR DINHEIRO A CRIAR RIQUEZA

O índice preço/lucro da empresa é a chave para transformar dinheiro em riqueza.

O CEO de uma empresa de capital aberto – abordarei a questão das empresas de capital fechado mais adiante – precisa ir além de ganhar dinheiro para sua organização. Os acionistas, inclusive os funcionários que recebem ações ou opções de ações como parte da remuneração, esperam que o CEO crie *riqueza* para eles também.

Os CEOs mais bem-sucedidos entendem que ganhar dinheiro e gerar riqueza se relacionam pelo múltiplo preço-lucro. Também chamado de múltiplo P/L ou índice P/L, as pessoas costumam se referir a ele como apenas P/L.

O "P" é o preço de uma ação individual e o "L", o lucro por ação, ou seja, quanto a empresa lucrou por cada ação.

A fórmula para chegarmos a esse coeficiente é a seguinte:

$$\frac{P \text{ (preço de uma ação)}}{L \text{ (lucro de uma ação)}} = \text{Índice Preço-Lucro ou P/L}$$

Assim, se uma ação vem sendo negociada por 30 dólares e a empresa lucrou 2 dólares por ação no ano passado, o P/L é de 15 (30 dividido por 2). Não se preocupe com o cálculo. Procure o número exato de sua empresa com o pessoal do departamento financeiro ou em inúmeros sites financeiros.

> O índice P/L de uma empresa tem um verdadeiro efeito multiplicador, transformando dinheiro em riqueza de fato.

Uma coisa importante: o P/L está longe de ser um simples cálculo mecânico. Um P/L de 15 significa que, para cada dólar de lucro por ação, esta vale 15 vezes esse valor. Obviamente, quanto mais alto o múltiplo P/L, mais riqueza é gerada. E os números podem crescer muito, e rápido. Consideremos, por exemplo, a Starbucks, que vem demonstrando um longo e contínuo histórico de crescimento e expansão de margens. O P/L da empresa é de 36, o que significa que, para cada dólar que lucra, são criados 36 dólares de riqueza para os acionistas, muitos deles funcionários da própria empresa.

O P/L representa as expectativas sobre a capacidade atual e futura que uma empresa tem de ganhar dinheiro – a combinação de geração de caixa, margem, velocidade, remuneração do capital e crescimento lucrativo da receita – em relação à concorrência e no futuro. Em outras palavras, constitui uma avaliação da gestão da empresa. Com frequência, baseia-se num histórico e na confiança dos investidores de que a fórmula de ganhar dinheiro seguirá dando bons resultados. Portanto, não existe de forma aleatória. Os investidores examinam o desempenho da empresa e o comparam com o do mercado como um todo e com o dos concorrentes.

Os múltiplos P/L, além de variarem de empresa para empresa e de setor para setor, podem mudar com o tempo. Sabe-se que os índices P/L despencam quando as empresas não atingem as metas de lucratividade, e qualquer divergência põe em questão a previsibilidade de geração de caixa, margem, velocidade, retorno sobre o capital investido e crescimento. Os investidores odeiam incerteza. Por outro lado, os múltiplos P/L podem melhorar se a gerência cumprir seus compromissos de ganhar dinheiro de forma sistemática e previsível, trimestre após trimestre. Os investidores adoram isso e, como consequência, aumentam a aposta no P/L.

O mesmo processo se aplica a empresas de capital fechado

Os mesmos princípios se aplicam a uma empresa de capital fechado. O escrutínio público cria um incentivo extra para a boa performance, mas empresas de capital fechado podem criar a própria disciplina, na medida em que fazer as coisas certas no dia a dia desenvolve valor. Lembre-se de que as empresas de capital fechado com frequência são vendidas ou abrem o capital, então os mesmos princípios subjacentes ao múltiplo P/L determinam o valor delas.

E aí fica a questão: de onde exatamente vem o P/L? Nas empresas de capital aberto, forças do mercado, com base nas avaliações de investidores individuais e analistas de valores mobiliários, determinam o P/L que julgam apropriado para as empresas que acompanham. Com frequência, examinam as estimativas de lucro. (Tente entender a anatomia de qualquer estimativa de lucro. O departamento contábil da empresa onde você trabalha deve ser capaz de ajudá-lo.) Se as avaliações indicam que a empresa mereceria um P/L mais alto do que o refletido pelo mercado, as firmas desses analistas e investidores tendem a comprar as ações. A recíproca também é verdadeira: elas tendem a vender se consideram o múltiplo P/L alto demais.

Não é incomum que dois analistas de valores mobiliários façam avaliações contraditórias, pois suas conclusões se revestem de *algum* grau de julgamento. Esses analistas usam diretrizes fixas, costumam julgar a empresa em relação a outras do setor, que é comparado com o mercado total.

> **O preço da ação de uma empresa e o múltiplo P/L evoluem à medida que analistas de valores mobiliários e investidores recalculam o valor da empresa de forma contínua.**

Algo que é feito com alguma frequência e que pode se mostrar revelador é comparar a empresa com as 500 maiores da Standard & Poor's, um conglomerado muito consultado de empresas norte-americanas, pois representa uma ampla parcela da economia. Tomemos um exemplo.

Enquanto o múltiplo P/L das 500 maiores empresas da S&P durante o terceiro trimestre de 2016 foi de 24, o da maioria das empresas petrolíferas foi menos da metade, por dois motivos relevantes. Primeiro, a produção mundial vinha aumentando enquanto a demanda continuava estável, criando um excedente que derrubava o preço do petróleo. Segundo, em períodos passados de crescimento econômico lento, o desempenho do setor tinha sido fraco e, portanto, não se esperava um crescimento econômico rápido no terceiro trimestre de 2016.

Os P/Ls variam bastante em um mesmo setor, o que contribui muito para atrair funcionários talentosos. As pessoas querem trabalhar em empresas empolgantes, em rápido crescimento.

Agora vou contar uma história sobre um jovem *millennial*. Quando concluiu o curso superior, Bryan ingressou num dos maiores varejistas do mundo, uma das 200 maiores empresas norte-americanas da *Fortune*. (Ele havia trabalhado em uma loja dessa empresa durante a faculdade, o que ajudou na contratação.) Embora graduado em psicologia, a empresa percebeu, durante o processo seletivo, que Bryan, além de ter uma compreensão intuitiva dos números, era brilhante e extrovertido. E assim concluiu que ele deveria ser reconhecido como um "alto potencial" e submetido ao rigoroso programa de treinamento de 18 meses que coloca os futuros líderes em todas as etapas das operações.

Bryan não apenas prosperou no treinamento, como também descobriu que adorava aprender como a empresa ganhava dinheiro. Consequentemente, pediu para trabalhar no setor financeiro depois que concluísse o programa.

Nos 11 anos seguintes, ele se destacou na empresa varejista, progredindo no departamento de finanças até aceitar uma transferência de setor, com o objetivo de aprender sobre merchandising. Aos 34 anos, viu-se encarregado de decidir onde uma das maiores divisões da empresa deveria reabastecer o estoque de roupas e a que preço.

Entretanto, embora sua carreira progredisse com perfeição, Bryan sentia-se cada vez mais frustrado. Como ainda era considerado um executivo apenas de alto potencial, era convidado para participar (como ouvinte, no fundo da sala) das reuniões dos mais altos escalões da empresa. Achava absurdo que os chefes de seus chefes demorassem tanto para tomar decisões e ficava frustrado porque raramente consultavam pessoas como ele, que mantinham interação direta e diária com fornecedores, para se informar sobre tendências e sobre o que vinha ocorrendo no mercado.

Bryan sabia que apenas ele se sentia assim, apesar da evidente falta de energia no ambiente de trabalho. Ao conversar com colegas, descobriu que eles não se julgavam capazes de contribuir para a empresa.

Alguns caça-talentos haviam telefonado para Bryan no decorrer dos anos, e ele, embora sempre tenha dito que não estava interessado, havia anotado os contatos para um possível retorno. Um dia, ligou para um de quem gostava e falou: "Não estou necessariamente querendo mudar, mas, se você souber de uma empresa em rápido crescimento que precise de alguém com minhas competências, eu gostaria de conversar a respeito."

Quatro meses depois, ingressou como chefe do suprimento global de produtos num varejista de aparelhos de ginástica que todo ano vinha aumentando a rentabilidade das vendas em 30%. Não foi o aumento de salário que o fez mudar, mas sim a oportunidade de participar de algo que vinha crescendo, um cenário estimulante e cheio de gente ansiosa por trabalhar. Na verdade, ele aceitou receber um salário menor que o anterior, mas seria recompensado quando criasse valor para os acionistas. Ele poderia comprar ações da empresa com 15% de desconto e teria opções de ações no primeiro aniversário de seu ingresso na firma. Wall Street também se empolgava com a empresa, cujo P/L chegara a 30, 50% superior ao do mercado de ações como um todo.

– Estou trabalhando direto agora – disse Bryan. – Há dias beeeem longos. Mas é gratificante demais ver um vínculo direto entre as decisões que tomo e os rumos da empresa.

Gerir o P/L

Um CEO que compreenda de fato os fundamentos dos negócios aqui abordados sabe bem que um índice P/L mais elevado cria riqueza para o acionista. Ele tem ciência de que isso aumenta a importância da fórmula de ganhar dinheiro. Se estiver certa, a empresa ganhará dinheiro. E se a empresa aplicá-la de forma sistemática ao longo do tempo, lucros e múltiplo P/L vão subir.

Uma sociedade anônima que aumenta o faturamento (vendas ou receitas) e o resultado financeiro (lucro) regularmente, sem reduzir a velocidade, eleva seu múltiplo P/L. Melhor ainda se aumentar também a velocidade, porque, como vimos, uma velocidade maior oferece melhor retorno sobre o capital investido, um dos fatores que analistas e investidores costumam avaliar. A alta velocidade não só reduz o risco de que os estoques fiquem imobilizados, mas também aumenta ainda mais o P/L, e os acionistas enriquecem.

Mas o que acontece se a empresa não atinge as expectativas de lucro por ação, ainda que por um ou dois centavos? A punição sofrida pelos profissionais de investimentos pode ser dura.

Vejamos o que ocorreu em 2016. Certo dia, depois que o mercado de ações encerrou as atividades, a Alphabet, empresa controladora do Google, informou receitas de 20,3 bilhões de dólares para o trimestre recém-encerrado, correspondendo às expectativas dos analistas. Mas o lucro de 7,50 dólares por ação foi mais ou menos 6% inferior aos 7,96 dólares previstos por eles. A ação da Alphabet caiu 5,3% no dia seguinte, ou cerca de 27,4 bilhões de dólares.[1]

---

[1] Quando calculam o valor de uma sociedade anônima, os profissionais de Wall Street multiplicam o preço da ação da empresa pelo número de ações em circulação. Esse número é conhecido como capitalização de mercado da empresa, ou valor de mercado. Em 22 de abril de 2016, o preço da ação da Alphabet fechou a 718,77 dólares. No dia anterior, havia fechado a 759,14, um declínio de 40,37 dólares ou 5,3%. A empresa possuía 685,5 milhões de ações em circulação. Quando você multiplica as ações em circulação pelo declínio de 40,37 por ação, chega a uma queda do valor de mercado de 27,4 bilhões.

No mesmo dia, a situação envolvendo a Microsoft foi mais extrema. A empresa também informou vendas trimestrais de 22 bilhões de dólares, valor que os analistas esperavam, mas o lucro ficou aquém da estimativa por apenas dois centavos por ação (os analistas vinham prevendo lucro de 64 centavos, mas o lucro real foi de 62 centavos). Como resultado, a ação caiu 7%, ou 31,4 bilhões de dólares.[2]

Por que o mercado de ações reage dessa forma?

Quando uma empresa não corresponde às expectativas ou informa que o lucro não crescerá tão rápido quanto sua administração havia previsto, os investidores começam a questionar se ela cumprirá seus compromissos no futuro. E não é só o preço da ação que cai. O P/L também.

Se a queda do lucro esperado for temporária, a ação consegue se recuperar. Mas se essa queda for a primeira de uma série delas, a situação pode se agravar. E o problema não se restringe ao CEO. Se o múltiplo P/L está rebaixado, a empresa inteira pode se tornar vulnerável, ficar com menos capacidade de comprar outras companhias. E quando a empresa não cresce, outras companhias podem querer adquiri-la.

Como em qualquer setor, os banqueiros de investimentos dispõem de uma linha de produtos, no caso deles as fusões e aquisições. É possível que uma empresa em dificuldades apareça como deficitária no radar de um banqueiro de investimentos. Ele, então, poderia convencer outra companhia de que a empresa com problemas seria uma pechincha; se essa companhia se dispuser

---

[2] Calcula-se o prejuízo da Microsoft da mesma forma que o da Apple. A Microsoft fechou a 51,78 dólares em 22 de abril, exatamente quatro dólares a menos do que no dia anterior. A empresa possuía 7,8 bilhões de ações em circulação, de modo que o prejuízo foi de 31,4 bilhões de dólares.

a assumir o risco de melhorar o desempenho da empresa deficitária, esta se tornará alvo de aquisição.

Na verdade, uma mesma empresa pode passar por várias aquisições. Eis um exemplo. Em meados da década de 1990, a AMP, maior e mais respeitada fabricante de componentes eletrônicos do mundo, parecia predestinada ao sucesso eterno. A empresa dominava o setor e vendia produtos utilizados em diversas indústrias que vivenciavam um enorme crescimento na época, inclusive as de telecomunicações e computadores. Mas a AMP deixou de trabalhar os fundamentos da obtenção de lucros, o que fez declinarem as margens, o crescimento e a velocidade. Como resultado, caíram tanto o preço da ação quanto o múltiplo P/L.

Em 1998, ela foi adquirida pela Tyco, que resolveu reparar os problemas subjacentes. Em apenas um ano, conseguiu reduzir os custos em 1 bilhão de dólares, melhorar as margens e a velocidade e levar a AMP de volta à trajetória de crescimento. Como resultado da aquisição, o P/L e o preço da ação da Tyco subiram.

Só que a Tyco entrou em dificuldades. Em 2002, as receitas atingiram quase 25 bilhões de dólares, mas a empresa sofreu um prejuízo superior a 9 bilhões de dólares. A situação se agravou ainda mais com o enorme escândalo envolvendo os excessos do então presidente e CEO, L. Dennis Kozlowski, e de sua equipe da alta administração.

Edward D. Breen, ex-presidente e diretor operacional (COO) da Motorola, foi nomeado novo presidente e CEO da Tyco. Breen dispensou a diretoria e a equipe de liderança de Kozlowski. Um mês depois de ele ser designado para o cargo, a Tyco anunciou a nomeação de John A. "Jack" Krol, ex-CEO da DuPont, como presidente do conselho de administração. O novo conselho e o CEO estabilizaram a empresa e trouxeram Tom

Lynch para dirigir a AMP, cujo nome foi alterado para Tyco Electronics. Lynch assumiu como principal tarefa preparar a divisão Tyco Electronics para ser vendida como uma sociedade anônima independente.

Como primeiro passo, definiu o que a empresa seria: uma projetista e fabricante de soluções de conectividade e sensores para uma variedade de setores, incluindo automobilístico, de sistemas de comunicação de dados, aeroespacial, de defesa e de bens de consumo eletrônicos. Ele vendeu negócios no valor de 2 bilhões de dólares que não se enquadravam em tal definição.

Em junho de 2007, a Tyco Electronics abriu seu capital e Lynch procurou torná-la uma empresa apenas tecnológica. Também se livrou de contratos com o governo, aumentou a produtividade e abriu fábricas na China.

Em 2011, com o objetivo de refletir seu foco corporativo, o nome da empresa mudou para TE Connectivity, e o sucesso manteve distantes possíveis compradores. Em 2015, as vendas da TE Connectivity ultrapassaram 12 bilhões de dólares, e o lucro, 2,4 bilhões. O preço da ação praticamente dobrou desde 2007.

Como permanecer independente

Quando ocorrem fusões e aquisições envolvendo empresas como a antiga AMP, a lógica financeira, com frequência baseada em "sinergias", é bastante persuasiva. A empresa resultante da fusão pode combinar ou eliminar instalações de distribuição duplicadas, equipes de vendas e departamentos contábeis, sinergias que em geral resultam em reduções de custos, ao menos por algum tempo. No entanto, o custo humano talvez seja altíssimo. É divertido ser uma consolidadora, mas um tormento ser uma "consolidada".

Descubra o múltiplo P/L de sua empresa. Como compará-lo com o de suas concorrentes e com o das maiores empresas da Standard and Poor's? Sua empresa tem se concentrado no crescimento sistemático, previsível e rentável, em fontes sustentáveis de geração de caixa, em margens e velocidades melhores e, assim, num sólido retorno sobre o capital investido trimestre após trimestre? Sua empresa está melhor que os concorrentes nesses itens e vem se aperfeiçoando? Em caso positivo, está em boa forma. Vocês podem ficar na ofensiva, em busca de aquisições, retendo o pessoal com melhor desempenho e atraindo novos talentos. É agradável fazer parte de uma empresa próspera dessa forma.

Ou será que sua empresa está com um mau desempenho crônico e não vem se saindo bem em termos dos conceitos básicos da obtenção de lucros? O múltiplo P/L dela está começando a cair em relação ao dos concorrentes e ao das maiores empresas da S&P? Seus chefes e colegas estão bastante preocupados? Enfrentam a realidade ou evitam encará-la?

Talvez sua empresa tenha um múltiplo P/L alto se comparado ao dos concorrentes, mas baixo se comparado com empresas fora do seu setor. Isso pode sinalizar que os investidores acham que o setor tem pouca margem para crescimento. Sua empresa consegue lidar bem com o pressuposto de que não crescerá?

A Netflix está fazendo exatamente isso ao revolucionar o hábito de assistir à televisão.

Até pouco tempo atrás, a única forma de colocar no ar um programa de televisão era submetê-lo aos executivos de uma rede e, caso se interessassem, filmar um piloto. Se a amostra de episódio fosse bem-sucedida, a rede se comprometeria com um número limitado de programas e esperaria o resultado para só então pensar na possibilidade de uma segunda temporada.

Não surpreende que as pessoas submetidas a esse processo o detestassem.

A Netflix age diferente: compromete-se a comprar uma série com base na sinopse da história – e com frequência concede ao criador um contrato de dois anos. Depois de pagar salários exorbitantes a astros de filmes que não renderam boa bilheteria (pense em Tom Cruise em *De olhos bem fechados* ou em *Operação Valquíria*), Hollywood agora paga menos aos atores e lhes oferece parte dos lucros. Embora isso tenha permitido que Daniel Craig faturasse por volta de 40 milhões de dólares por sua atuação no popular filme de James Bond *007 contra Spectre*, muitos atores saem perdendo. Se o filme não tem boa bilheteria, eles ganham menos do que antes. No entanto, a Netflix paga aos seus astros um gigantesco valor inicial e pode arcar com essa despesa porque as ferramentas analíticas da empresa são exímias em prever os projetos que agradarão aos assinantes – e, igualmente importante, quais deles incentivam as pessoas a assinar os serviços da Netflix.

Um terceiro fato também estimula o crescimento da empresa: por oferecer conteúdo via *streaming*, ela pode se expandir com rapidez. Assim, dez anos depois de ser lançada, já disponibilizava seu serviço no mundo inteiro, exceto na China.

O resultado? A Netflix, cujas atividades se iniciaram em 1997, alcançou em 2017 a 379ª posição na lista das 500 maiores empresas da *Fortune*, com receita de 6,8 bilhões de dólares e lucro de 123 milhões, e vem subindo ano após ano. A Netflix anunciou que tinha 89 milhões de assinantes pagantes no mundo inteiro no final de 2016, um aumento relevante em relação aos 19 milhões do ano anterior.

Portanto, pense de modo diferente. Amplie sua definição das necessidades dos consumidores e busque um jeito mais adequado de satisfazer as existentes. Para isso, reformule como você vê o mundo. Pare de olhar pelo espelho retrovisor e imagine o que acontecerá no futuro.

O exemplo da Starbucks

Reiteremos o vínculo entre ganhar dinheiro e criar riqueza. Os CEOs mais competentes aprimoram com frequência os fundamentos da obtenção de lucros. A comunidade dos investimentos tende a recompensá-los, e também a recompensar as empresas, com um múltiplo P/L mais elevado e gerando uma riqueza enorme para os acionistas. Com isso, criam-se segurança no emprego, oportunidades de crescimento para os funcionários e prosperidade para quem recebe opções de ações.

Vejamos o exemplo da Starbucks, que oferece ações aos funcionários como parte da remuneração. A empresa tem um histórico espetacular de criar riqueza para os acionistas porque entende exatamente o que representa e o que precisa fazer.

Essa lição foi aprendida com bastante dificuldade. Depois que Howard Schultz, a força orientadora por trás da empresa – e o homem que atuou como CEO de 1987 a 2000 –, foi embora, a Starbucks perdeu o rumo. No próprio título de um memorando ao seu sucessor em 2007, Schultz sintetizou o que havia dado errado: "A comoditização da experiência Starbucks".

Vou compartilhar alguns trechos cujo foco está quase inteiramente em um dos elementos básicos do negócio: cuidar dos clientes e propiciar a eles a experiência mais agradável possível. Como você vai notar, Schultz usa a palavra "experiência" o tempo todo. E também dá para notar que ele entende a dificuldade de implementar com sucesso os elementos básicos do negócio.

Nos últimos dez anos, para obtermos o crescimento, o desenvolvimento e a escala necessários para passarmos de menos de mil para mais de 13 mil lojas, tivemos que tomar uma série de decisões que, em retrospecto, levaram à diluição da experiência Starbucks e ao que alguns poderiam chamar de comoditização de nossa marca.

Na época, muitas dessas decisões foram provavelmente acertadas e por mérito próprio não teriam diluído a experiência. Mas neste caso a soma é bem maior e, infelizmente, bem mais prejudicial do que as partes individuais. Por exemplo, quando adotamos as máquinas automáticas de café expresso, solucionamos o problema de eficiência e de velocidade do serviço. Ao mesmo tempo, ignoramos o fato de que removeríamos significativa parte da magia que permeava o uso das máquinas La Marzocco. Essa decisão específica se revelou ainda mais danosa quando a altura das máquinas, que estão agora em milhares de lojas, bloqueou a linha de visão do cliente, que passou a não conseguir mais observar a bebida sendo preparada nem manter a proximidade com o barista.

Isso, aliado à necessidade de haver café torrado fresco em todas as cidades norte-americanas e em todo o mercado internacional, nos levou às embalagens a vácuo, que mantêm o sabor do café por mais tempo por não permitirem a entrada de oxigênio. Conseguimos café fresco torrado embalado, mas a que custo? Junte a perda do aroma pelo ambiente, talvez o sinal não verbal mais poderoso em nossas lojas, à perda de nosso pessoal apanhando café fresco dos recipientes para moê-lo na frente do cliente e de novo privamos a loja da tradição e de nossa herança.

> **Cada vez que elevamos o valor para um acionista, elevamos o valor para nosso pessoal.**
>
> – HOWARD SCHULTZ, CEO da Starbucks

Depois passamos a focar na decoração das lojas. Tivemos que otimizá-la para ganhar eficiência de escala e para assegurar que tivéssemos um ROIC nas vendas a taxas de investimento que satisfizessem o setor financeiro de nossa empresa. Porém, como um dos resultados, as lojas perderam a alma da tradição. Algumas pessoas até as chamam de estéreis, pois não refletem mais a paixão de nossos parceiros pelo nosso café. Na verdade, nem sequer tenho certeza se as pessoas hoje sabem que torramos o café. Você com certeza não percebe isso quando entra em uma de nossas lojas.

Precisamos com urgência nos olhar no espelho e perceber que chegou a hora de retomar nossa essência e promover as mudanças necessárias para evocar a herança, a tradição e a paixão que todos temos pela verdadeira experiência Starbucks.

Embora hoje em dia a maioria do maquinário seja automática, levou todos os tipos de concorrente – empresas de café pequenas e grandes, operadores de fast-food e microempresas familiares – a se posicionarem com o objetivo de criar percepção, testes e fidelidade de pessoas que antes haviam sido clientes da Starbucks.

Schultz estava atenuando o último aspecto. Em 2007, a ação da Starbucks caiu 50%, em grande parte por causa das incursões do McDonald's, que, após décadas oferecendo um café terrível, enfim resolveu servir um bom café, e à rede em constante expansão Dunkin' Donuts, conhecida por servir um café excelente.

Schultz tornou-se CEO de novo em 2008 e colocou a empresa nos eixos, o que beneficiou os acionistas. Ao longo de dez anos, de 30 de junho de 2006 a 30 de junho de 2016, o preço da ação da Starbucks basicamente triplicou: foi de 18,99 dólares para 57,12, um ganho anual de 11,6%, e o índice P/L ficou 40% maior do que o de uma década antes.

A Starbucks com frequência apresenta bons resultados e desenvolveu programas realistas para continuar a seguir sempre nesse ritmo. Quando investidores vislumbram essa persistência por muitos anos, começam a achar que a empresa prosseguirá assim. Em 30 de junho de 2016, o índice P/L da Starbucks era de 36, bem maior que a média de 23 das 500 maiores empresas da S&P.

Em dezembro de 2016, Schultz anunciou que deixaria de novo o cargo de CEO para se concentrar no desenvolvimento e no crescimento dos "formatos de varejo ultrapremium" da empresa. O diretor operacional (COO) da empresa, Kevin Johnson, acabou sendo seu substituto. Um mês depois, nomearam para a diretoria três diretores novos – de Sam's Club, Microsoft e LEGO. É interessante observar o que acontecerá com a ação no futuro.

O que você pode fazer?

Nesta era digital, em que os *millennials* já constituem um terço da força de trabalho, todos precisam ser capazes de pensar em ideias que aprimorem o crescimento rentável e gerem caixa, enfocando o cliente e a experiência dele. Por exemplo, que tal descobrir um meio mais rápido de levar o produto aos clientes? Pense nas implicações para a rentabilidade e para o múltiplo P/L caso consiga fazer isso.

Repensar como o negócio tem sido realizado também pode levar a novas vias de crescimento.

Existem oportunidades para cada funcionário recorrer à própria visão de negócios. Lembre-se de que os acionistas não são os únicos beneficiados com a criação de riqueza; os funcionários também serão favorecidos pela chance de ganhar mais, crescer mais e evitar a incerteza das mudanças externas porque a empresa teve um mau desempenho.

7

JUNTANDO TUDO:
COMO A AMAZON GANHA DINHEIRO

A esta altura, você já entendeu os poucos fatores que determinarão se sua organização – empresa, organização sem fins lucrativos ou órgão governamental – terá sucesso e sabe que os fundamentos são os mesmos se estiver gerenciando uma banca de frutas ou uma das maiores empresas do país. Toda organização precisa gerir o caixa com eficiência, empregar os ativos com sensatez, melhorar e crescer constantemente e servir bem aos clientes. Sim, o grau de complexidade muda, mas o tamanho de uma empresa não deveria ser parâmetro para avaliar se ela é rentável ou não. Os conceitos básicos são iguais para todas.

Embora tenhamos falado bastante sobre como o vendedor ambulante e o CEO administram seus negócios, também dedicamos muito espaço a uns poucos itens. Nosso objetivo é focar nos elementos que levam a empresa a prosperar:

1. Cuidar dos clientes;
2. Gerar caixa;
3. Obter um bom retorno sobre o capital investido; e
4. Crescer com rentabilidade.

Todos esses itens têm indicadores. Mas os números, especialmente os que se referem à informação das grandes empresas sobre o próprio desempenho, podem ser intimidantes, e as pessoas me contam que enfrentam dificuldades em encontrar os números certos.

Esse dado não surpreende. Para cumprir os Princípios Contábeis Geralmente Aceitos (GAAP, na sigla em inglês) – os padrões e os procedimentos comuns adotados pelas empresas para criar os relatórios financeiros – e diferentes regulamentos federais para relatórios, as empresas geram uma expressiva quantidade de números. Por exemplo, o relatório financeiro do McDonald's, recente e relativamente fácil de entender, chega a 28 páginas. (O resumo se estende por mais três.)

Felizmente, não é necessário dominar cada linha, número e nota de rodapé. Na verdade, para avaliar a qualidade da gestão de uma empresa, em geral basta examinar três conjuntos de números bem objetivos, expostos a seguir:

- A *demonstração do resultado (DRE)* da empresa (também chamada de demonstração de lucros e perdas), que sintetiza receitas e custos.
- O *balanço patrimonial*, que é uma síntese de ativos, passivos e patrimônio líquido da empresa. Chama-se balanço porque o ativo sempre precisa ser igual à soma de passivo mais patrimônio líquido, ou seja, deve haver um equilíbrio entre ambos. E não surpreende que se equilibrem, considerando que o patrimônio líquido nada mais é que ativo menos passivo.
- A *demonstração de fluxo de caixa*, que rastreia o montante de caixa que entra e sai da empresa. As pessoas costumam chamá-la de fluxo de caixa. Como já afirmei, prefiro pensar nela como geração de caixa, ainda que o conceito seja o

mesmo: o dinheiro que flui para dentro da empresa e o dinheiro que flui para fora.

Embora esses demonstrativos possam ser bem detalhados, basta prestar atenção em cerca de uma dúzia de fatores. Nós falaremos sobre isso adiante. Antes, quero enfatizar a importância da discussão seguinte sobretudo para dois grupos. O primeiro é dos *millennials*, por razões óbvias: seus membros serão os líderes empresariais do futuro se entenderem o que iremos discutir.

O segundo são os integrantes de equipes de vendas, especialmente aqueles que vendem para outras empresas. E isso porque a natureza das vendas de empresa para empresa (B2B) está mudando. Se hoje você é um vendedor B2B, não está vendendo produtos, mas sim o que criará valor para os clientes. O que tais vendedores valorizam? Os fundamentos da construção de negócios. Querem cuidar bem dos *próprios* clientes. Querem vender mais, aumentar as margens de lucro e usar o capital de forma sensata (reduzindo a quantidade de estoques, por exemplo). Cabe aos vendedores provar que seu produto ou serviço é capaz de permitir que tudo isso aconteça.

> **Se conseguir mostrar aos clientes que o produto criará mais valor para eles, as vendas aumentarão. E, se mostrar à própria empresa que entende os elementos que lhe darão mais valor, será promovido.**

Mas vamos para a dúzia de fatores que mencionei. Usarei a Amazon como exemplo, pois a maioria das pessoas conhece a empresa.

Examinarei os números da Amazon num período de cinco anos: de 2013 a 2017. De onde vêm esses dados? Neste caso, dos analistas de valores mobiliários Ali Dibadj e Carlos Kirjner, da Sanford C. Bernstein, empresa de pesquisa e gestão de investimentos.

Dito isso, vamos dar uma olhada nos relatórios financeiros da Amazon. Começaremos com uma demonstração do resultado (DRE) simplificada.³ E iniciaremos nossa discussão com as receitas, que vêm crescendo de forma substancial, e esperamos que continuem nesse ritmo.

DEMONSTRAÇÃO DO RESULTADO DA AMAZON

	2013	2014	2015	2016	2017
RECEITAS*	74,3	88,9	107,0	136,7	165,8
Custo das vendas	54,1	62,7	71,6	86,9	103,3
Lucro bruto	20,2	26,2	35,3	49,7	65,5
Margem de lucro bruta	27,2%	29,5%	33%	36,4%	39,1%
DESPESAS OPERACIONAIS					
Tecnologia e conteúdo	6,5	9,2	12,5	17,1	22,6
Marketing	3,1	4,3	5,2	7,3	9,6
Despesas gerais e administrativas	1,1	1,6	1,7	2,2	2,8
LUCRO LÍQUIDO	0,273	(0,241)	0,6	2,8	5,6

* Todos os números estão apresentados em bilhões de dólares, salvo indicação contrária.

Por que esses números apresentados na DRE são tão importantes? Retome nossa discussão nos Capítulos 2 e 3, nos quais falei sobre as questões em que o CEO quer que você se concentre. Lembra-se do primeiro item? Clientes. Por quê? Porque sem cliente não existe negócio.

---

³ Eliminei várias linhas dos três itens principais apenas para facilitar a discussão. Você encontrará o resultado completo do balanço patrimonial e do fluxo de caixa no relatório anual da Amazon, disponível em: http://phx.corporate-ir.net/phoenix.zhtml?c=97664&p=irol-reportsannual. Vou incluir somente os números arredondados relevantes neste momento.

A linha de receitas em franco crescimento mostra que Jeff Bezos, o CEO da Amazon, concentra-se no cliente. E, nesse sentido, está sempre induzindo os funcionários a tornarem a empresa mais rápida, mais conveniente para os clientes e com produtos menos caros, esforços que continuam dando retorno. Os consumidores estão reagindo ao pedido num só clique e com entrega no mesmo dia (disponível em algumas áreas) e adoram o Amazon Prime, que dá acesso exclusivo a filmes e programas de televisão, música sem interrupção por anúncios, armazenamento ilimitado de fotos e remessa grátis em dois dias. Variedade, preço e conveniência estão elevando a linha do faturamento.

Ainda na demonstração de resultado (DRE), observe a margem bruta. Lembre-se do processo em dois passos para calculá-la. No passo um, consideram-se as receitas totais da empresa e se subtrai delas o custo dos produtos vendidos. (Na tabela, os analistas da Bernstein referem-se a isso como "custo das vendas"). Em seguida, divide-se tal cifra pelo valor das receitas.

Eis a fórmula que vimos no Capítulo 3:

$$\frac{\text{Receita - Custo dos produtos vendidos}}{\text{Receita}} = \text{Margem bruta}$$

Mesmo com uma olhada rápida é possível observar que a margem bruta da Amazon está sempre aumentando. Agora vamos tentar entender o que está por trás dos números.

A Amazon está evoluindo aos poucos para passar a vender comestíveis, um negócio que, além de bastante competitivo, com certeza reforçaria o relacionamento com os clientes, mas reduziria as margens. Que elemento irá contrabalançar essa redução e produzir as margens substancialmente maiores projetadas pelos analistas? Meu palpite é que seja a venda de ainda mais assinaturas do

Amazon Prime. A Bernstein estima que apenas em 2015 havia entre 58 milhões e 69 milhões desses assinantes no mundo inteiro, pagando em média 86 dólares por ano, o que representa entre 5 bilhões e 6 bilhões de dólares de receita adquirida. A Bernstein acrescentou: "Concluímos que o acréscimo de um usuário do Prime deve gerar, em última análise, um aumento do lucro operacional de 115 dólares por usuário ao ano." Vender produtos de marca própria, ou com o nome Amazon, pode incrementar as margens da mesma forma.

A margem bruta da Amazon nos dá uma lição incrível: quanto mais ela cresce, mais caixa gera.

Faça suas apostas

Depois, é importante examinar o investimento que a Amazon faz em tecnologia. Já ficou claro que no futuro a batalha do varejo será travada nessa área, à medida que cada empresa procurar prever as necessidades dos clientes e descobrir a forma mais rápida e menos dispendiosa de fornecer produtos. Em 2016, apenas cerca de 8% das vendas varejistas totais nos Estados Unidos envolveram transações de comércio eletrônico, segundo a plataforma S&P Capital IQ. Mas esse número vem crescendo 10% ao ano, bem mais rápido que o varejo como um todo, e a Amazon acumulou a maior parte do crescimento nas vendas do comércio eletrônico norte-americano em 2016. Assim, se você é um varejista, precisa priorizar o gasto com tecnologia, como a Amazon vem fazendo e esperamos que assim continue.

> **A Amazon é uma empresa de tecnologia desde a plataforma onde se encomenda o produto desejado até a automação de seus depósitos. Atualmente é considerada o Google do varejo, e o que gasta nessa área reflete esse fato.**

Toda empresa tem um ou dois elementos propulsores que determinarão seu sucesso no futuro. Você deve se certificar de que sua empresa esteja investindo naquilo que a manterá competitiva e crie valor para o cliente e a corporação. No caso da Amazon, quando falarmos sobre suas receitas, você vai perceber que ela não está ostensivamente interessada em auferir altos lucros, mas em investir em crescimento uma significativa parte do que ganha.

A concorrência já percebeu isso. Em 2016, o Walmart gastou 3,3 bilhões de dólares para comprar a Jet.com, uma varejista on-line. Isso depois de anunciar, no final de 2015, que gastaria 2 bilhões de dólares para aperfeiçoar sua tecnologia nos próximos 24 meses.

Quando menos é mais

Enquanto você quer um gasto igual ou maior todos os anos nas áreas fundamentais ao crescimento da empresa, inversamente também quer que a empresa mantenha um rígido controle sobre as despesas gerais e administrativas. E incluem-se aí os custos de manter a direção geral e seus depósitos e o pagamento a contadores e advogados da empresa, que garantem o cumprimento de toda a regulamentação existente. A cifra pode chegar a 20% das receitas em algumas empresas. Como se observa na demonstração do resultado da página 102, na Amazon é uma fração disso: 1,6%. Mais uma prova de que a empresa está focada no que de fato importa: manter as despesas gerais baixas a fim de que sobre mais dinheiro para investir na satisfação dos clientes.

Relacionado a isso, observe as despesas de vendas e marketing. Se você trabalhar em uma empresa de bens de consumo, como a Amazon, precisa conquistar os consumidores, o que significa despender dinheiro em marketing.

Ao examinar quanto uma empresa gasta para alcançar seu público, você quer se certificar de que seja suficiente e também estável ao longo do tempo – a forma mais simples é comparar a empresa com suas concorrentes. Se o marketing é importante para o sucesso atual da empresa, também o deverá ser no ano seguinte. A demonstração do resultado da Amazon evidencia um aumento constante nos gastos de marketing à medida que a empresa cresce.

E isso nos leva aos lucros. Perceba que Jeff Bezos não se importa de fato com o lucro determinado pela contabilidade. Ele se importa com o caixa por ação. Por que o lucro é tão baixo? Porque ele está contratando excelentes engenheiros de software, cientistas da computação e afins. Embora esses especialistas estejam a cargo da construção do futuro da empresa e possamos considerar os altos salários como um investimento, para fins contábeis tais salários precisam constar como uma despesa e portanto os lucros constam menores. Observe esse fenômeno no balanço patrimonial a seguir, observando as contas a receber e a pagar.

BALANÇO PATRIMONIAL DA AMAZON

	2013	2014	2015	2016	2017
ATIVO					
Caixa, equivalentes de caixa e títulos e valores mobiliários	12,4	17,4	19,6	25,1	34,9
Contas a receber	4,1	4,7	6,5	7,1	8,7
Total do ativo	40,1	54,5	65,4	81,2	103
PASSIVO					
Contas a pagar	15,1	16,4	20,4	24,5	30,3
Endividamento a longo prazo	7,4	15,6	16,1	21	24,3
Total do passivo	30,4	43,7	52	61,6	73,6
PATRIMÔNIO LÍQUIDO	9,7	10,7	13,3	19,5	29,3

Contas a receber é o somatório do dinheiro devido à empresa; contas a pagar inclui tudo que a empresa deve. A tabela mostra que as contas a pagar são de forma sistemática mais elevadas do que as contas a receber. A empresa tem uma cifra relativamente baixa de contas a receber porque as pessoas pagam seus pedidos no ato da compra. Mas a Amazon negociou ótimas condições com os fornecedores, que lhe dão bastante tempo para pagar as contas – 72 dias, digamos. Isso significa que você, como cliente da Amazon, paga por seu(s) artigo(s) no ato da encomenda, mas a empresa pode usar esse dinheiro durante 72 dias, até pagar ao fornecedor pelo artigo. A demonstração do fluxo de caixa registra a virtude desse modelo de negócios: quanto mais a Amazon cresce, mais caixa gera.

DEMONSTRAÇÃO DO FLUXO DE CAIXA DA AMAZON

	2013	2014	2015	2016	2017
VARIAÇÃO LÍQUIDA EM CAIXA	8,6	14,5	15,9	21,7	31,6

Quando observamos o caixa e o patrimônio líquido no balanço patrimonial, concluímos que a Amazon está em boa forma. O ativo é maior que o passivo e o patrimônio líquido (ativo menos passivo) continua crescendo, o que é positivo. Afinal, o patrimônio líquido é um indicativo do valor contábil líquido da empresa.

Esse processo nos leva de volta ao maior foco do vendedor ambulante: ter dinheiro na mão. Numa empresa como a Amazon, não é apenas um bolso repleto de notas de 20, pois inclui "equivalentes de caixa", coisas como certificados de depósito bancário, fundos do mercado financeiro e títulos e valores mobiliários (obrigações e ações ordinárias) – apenas uma versão mais complexa do mesmo indicador básico.

O que aprendemos?

Esses poucos números bastam para que você saiba o que precisa avaliar a fim de compreender bem a situação financeira da Amazon ou de qualquer outra empresa.

> **Assim como o médico usa certas medições, como pulsação, pressão arterial e peso, para avaliar a saúde do paciente, as demonstrações financeiras de uma organização podem ajudá-lo a avaliar a saúde de sua empresa – ou de qualquer outra.**

A Amazon está cuidando dos fundamentos dos negócios. Seus números evidenciam que está servindo aos clientes, crescendo com rentabilidade e usando o dinheiro de forma sensata. Na verdade, tornou-se uma máquina de ganhar dinheiro. Se continuar nesse ritmo, vai gerar ainda mais caixa, que poderá empregar para fazer experiências, correr riscos e criar novos produtos, serviços e abordagens visando ampliar ainda mais a satisfação dos clientes.

Agora que você sabe o que deve observar na Amazon e em todas as outras empresas, inclusive a sua, precisa ficar atento às tendências. Se a situação mudar – a companhia deixar de crescer ou o caixa começar a reduzir –, descubra o motivo.

São coisas desse tipo que o CEO quer que você saiba.

PARTE III

UMA VANTAGEM NA EXECUÇÃO

8

EXPANDIR A CAPACIDADE POR MEIO DE EXECUÇÃO IMPECÁVEL

*Execução: a arte e a disciplina de garantir
a realização do trabalho.*

Todos nós somos perfeitamente capazes de executar o que os CEOs fazem de forma intuitiva baseados em sua excelente compreensão dos negócios: usar as leis universais que os norteiam, pois elas definem o rumo e selecionam as prioridades corretas para que a organização cresça de modo lucrativo.

No entanto, entender como ganhar dinheiro é uma coisa; fazer isso acontecer, realizar e executar é outra completamente diferente.

Como todo CEO sabe, nos negócios há marcos anuais, trimestrais, semanais e até diários, mas não existem linhas de chegada. Os líderes precisam apresentar resultados com frequência, de forma incessante e sistemática, tendo em vista que isso estimula a organização, desenvolve confiança e gera recursos para que ela siga em frente.

Suponhamos que você tenha definido três prioridades que, juntas, criam uma poderosa máquina de ganhar dinheiro. Como vai garantir a realização do trabalho? A não ser que você só tenha uma loja, como é o caso do vendedor ambulante, não é possível executar todo o trabalho sozinho. Será necessária a ajuda de outras pessoas.

Seja você um CEO, o chefe de um departamento ou, ainda, alguém em início de carreira em busca de ascensão, é preciso ser líder do negócio e de pessoas. *Um líder do negócio sabe as coisas que precisa fazer. Um líder de pessoas sabe como garantir a realização delas,* ou seja, como canalizar os esforços dos funcionários, sincronizá-los e expandir as capacidades pessoais deles. Se fizer tudo isso, você conquistará resultados e terá vantagem na execução.

Neste capítulo, minha intenção é:

1. assegurar que você disponha das pessoas certas para que o serviço seja bem realizado;
2. orientar essas pessoas para que possam expandir a própria capacidade pessoal, de modo que consigam – elas e a empresa – realizar mais;
3. orientá-las sobre a própria conduta, para que também se tornem líderes;
4. explicar o que deve ser feito quando há alguma incompatibilidade entre a pessoa e a tarefa que ela está executando.

Antes de avançarmos, vou expor um ponto importante: ser um líder de pessoas não significa ser sociável. Pense em alguém que lida bem com as pessoas. Como você o descreveria? Quando faço essa pergunta nos cursos que ministro, as pessoas respondem: "descolado", "popular", "cheio de personalidade", "entusiasmado", "estimulador", "carismático".

No entanto, personalidade por si só não leva uma empresa a mostrar resultados. Para isso, é preciso conhecer de fato o funcionamento da organização e ter a capacidade de vincular as ações e as decisões das pessoas às coisas certas. Na verdade, essa competência é própria dos melhores CEOs. Sem ela, muitos empreendedores até talentosos e com ótima compreensão dos negócios acabam falhando. A capacidade de executar e conquistar resultados utilizando as capacidades dos outros possibilita que muitos CEOs cresçam na hierarquia corporativa. É fundamental ao crescimento e ao desenvolvimento pessoal.

Adquirir vantagem na execução requer uma prática constante, e não apenas a compreensão teórica de gestão ou liderança. Para conquistar resultados tangíveis, mensuráveis ao longo do tempo, você precisa ser capaz de selecionar e desenvolver as pessoas certas, para em seguida sincronizar os esforços de todos e vinculá-los às prioridades empresariais.

As pessoas certas nos cargos certos

Toda empresa precisa das pessoas certas nos cargos certos. A corporação moderna também é norteada pela ideia de "profissionais" que usam os próprios talentos para ajudar a empresa a ser bem-sucedida. Qualquer que seja o cargo, se a pessoa não for adequada, suas decisões não serão boas e a empresa inteira será prejudicada. Se o perfil se encaixar no que está fazendo, cada vez mais a pessoa vai se aperfeiçoar e gostar do trabalho. E o mais importante: com toda essa evolução, será logo reconhecida pelo desempenho e, consequentemente, promovida. Se esse processo se repetir por toda a empresa, o negócio inteiro fará um enorme progresso.

> Líderes que apresentam resultados de forma sistemática por um longo período são aqueles que reconhecem os pontos fortes de um indivíduo. Eles vinculam a necessidade da empresa ao talento inato da pessoa. Dedicam tempo e esforço a alocar os indivíduos onde suas forças tenham mais impacto.

O primeiro passo para avaliar se a pessoa é compatível com uma tarefa é compreender os tipos de competência, atitude e aptidão necessários para que as prioridades empresariais sejam executadas. É surpreendente que com frequência muitos líderes ignorem esse fato.

Se você fosse Sam Walton e estivesse tentando desenvolver sua empresa, quais seriam seus critérios na hora de selecionar pessoas para administrar suas lojas? Procuraria funcionários que de fato querem entender o cliente e focam em vender produtos confiáveis a um preço inferior ao da concorrência. Ganhar dinheiro no setor varejista significa gerir margem e velocidade dos estoques, além de aumentar o volume. Se você não encontrar pessoas que entendam esse princípio, nunca realizará o sonho de se tornar um ás do varejo.

Sam Walton selecionou cuidadosamente pessoas que satisfizessem esses critérios, desenvolveu as aptidões delas e as treinou, também no intuito de que observassem receitas, preços, estoques e clientes com um olhar minucioso. E deu a todas elas bastante autonomia para tomar decisões e agir.

Vejamos outro exemplo. Escrevi sobre a Starbucks no Capítulo 6. Você já esteve em uma das lojas? Observou as pessoas que preparam o café? O trabalho delas pode parecer entediante, mas parece satisfazê-las. Parte do sucesso do CEO Howard Schultz está em sua capacidade de recrutar, promover e desenvolver funcionários que entendem não só a importância do trabalho que desempenham, mas também a meta da empresa de criar um "terceiro local" confortável entre o escritório e o lar. Se não encontrar pessoas com esse perfil – ou, como vimos antes no memorando de Schultz, se elas se esquecerem do que é importante –, a Starbucks começará a se desviar dos elementos que a tornaram um sucesso e também vai parar de crescer.

Tudo bem, talvez você observe que Walmart e Starbucks são empresas voltadas para o consumidor. Então pensemos de forma mais ampla: de que tipos de pessoa você precisaria numa empresa como a GE? Para se ter uma ideia, ela foi transformada pelo então CEO Jeff Immelt por meio de um sistema operacional aberto chamado Predix, que é um tipo de plataforma digital para aplicativos que se conectam com ativos industriais, coletam e analisam dados e fornecem dados em tempo real para otimizar a infraestrutura e as operações industriais. É possível que as descrições do novo rumo da GE soem vagas e, talvez pensando nisso, Immelt simplificava a estratégia da empresa apontando para a foto de um trem.

– Costumávamos chamá-la de locomotiva – disse ele durante uma palestra em que falou sobre a nova GE. – Agora é um centro móvel de dados, cheio de sensores e aplicativos. Podemos monitorar o consumo do combustível e melhorá-lo. Podemos saber em tempo real quando uma roda se quebra e manobrar o trem com mais segurança enquanto aumentamos a utilização.

O Predix faz parte do que Immelt denomina "Internet Industrial". Qual sua importância para a GE? As vendas da Divisão Digital da GE, de 5 bilhões de dólares em 2015, deverão triplicar até 2020. Por quê? Porque, como ilustra o exemplo do trem, as ferramentas analíticas incorporadas no sistema aumentam o tempo de funcionamento, melhoram a produção e o desempenho, identificam tendências e anomalias e permitem inspeções remotas.

Immelt chama esse fenômeno de "a próxima revolução da produtividade".

O Predix surgiu da GE Digital, a unidade de 6 bilhões de dólares criada pela GE para perseguir suas ambições. Partindo do conhecimento dos exatos benefícios que os clientes procuravam, a GE sabia que teria que entrar rápido no espaço digital. Em outras palavras, precisava de um líder para conduzir a criação de uma plataforma digital que aumentasse a produtividade dos clientes industriais. Uma pessoa que entendesse de fato do negócio, atraísse talentos do Vale do Silício, compreendesse o potencial da empresa, fosse empreendedora e conseguisse desenvolver uma equipe.

O escolhido foi Bill Ruh, CEO da GE Digital e também vice-presidente sênior e diretor digital (CDO) da GE. Foi contratado pela Cisco em 2011 para criar a estratégia da GE (Internet Industrial) e liderar a convergência dos mundos físico e digital na empresa como um todo.

Competências especializadas como as de Ruh são importantes, assim como o talento natural dos funcionários. E é possível detectar as aptidões de cada um; basta dedicar tempo a isso. É questão apenas de observar o que as pessoas fazem naturalmente que estimule a si próprias e aos outros em volta.

Se você trabalha com vendas, deve ter visto aquela pessoa que vendia mais ser promovida a gerente de vendas – e falhar por completo. Se os chefes a tivessem observado de perto, poderiam tê-la visto como uma contribuinte *individual*. Esse tipo de funcionário prospera realizando o negócio, empolgado e motivado. No entanto, talvez não tenha a capacidade natural ou a vontade de recrutar outros indivíduos e orientá-los para que também se tornem ótimos vendedores. Se ele não conseguir motivar pessoas e aumentar a capacidade delas, também não conseguirá fazer com que realizem a prioridade da empresa: o aumento das vendas. Em síntese, tal pessoa pode ser um vendedor fantástico, mas um péssimo gerente de vendas.

Avalie também a atitude mental do funcionário. Ele tem um *ímpeto* interior para o sucesso? Está aberto a mudanças?

Vou ser mais específico. Digamos que você queira conhecer a mentalidade de um gerente de fábrica. Se ele está habituado a dois giros do estoque por mês e você diz que vai adotar 30 giros, como ele reagirá?

Em reuniões, todos nós já vimos gente concordando com a necessidade de passar a agir de forma diferente, para depois sair pela porta e fazer as mesmas coisas de sempre. Se você tem pessoas assim na sua equipe, o que acontece com a capacidade de execução da empresa?

Quando uma pessoa já trabalha na companhia há um longo tempo, pressupõe-se que tenha amplo domínio sobre o que é necessário. Mas as exigências do cargo podem ter mudado de lá para cá. Portanto, pergunte-se se essa pessoa tem capacidade de acompanhar as mudanças ou se persiste em fazer as coisas como sempre foram feitas.

Se voltarmos ao Walmart, veremos essa situação hoje. A empresa dominava o varejo em lojas físicas, mas o número de compras on-line vem crescendo a cada dia. Portanto, o Walmart precisa de pessoas capacitadas a ajudar a reduzir a disparidade em relação à Amazon, o gigante da internet, e talvez até a levar a empresa a ultrapassá-la.

Sem as pessoas certas nos cargos certos, uma empresa não cresce nem prospera. Em 1978, fui contratado por uma empresa que alcançava 200 milhões de dólares em vendas para dar conselhos sobre estratégia de negócios. Era a Intel, fundada por três pessoas que agora consideramos gênios: Andy Grove, Gordon Moore e Bob Noyce. Eles têm uma energia incrível, capacidade de pensar de maneira inovadora e paixão por criar algo que altere o mundo de forma permanente e produza resultados para acionistas e funcionários.

O segredo do CEO Andy Grove, diretor da organização, era colocar as pessoas certas nos cargos certos. Um dia, eu estava no escritório dele quando ele recebeu a ligação de um engenheiro que trabalhava numa empresa 20 vezes maior que a Intel. O sujeito foi contratado depois de dizer que aceitaria até uma redução do salário para trabalhar na Intel porque também queria criar algo novo e estimulante. Apresentava aptidão, atitude e motivação compatíveis com o cargo e com as necessidades da empresa. Se não tivesse encontrado pessoas que se enquadrassem nesse perfil, a Intel nunca teria se tornado o colosso atual, com vendas que ultrapassam 56 bilhões de dólares e lucros superiores a 15 bilhões de dólares.

A ideia de considerar a compatibilidade entre pessoa e cargo é extremamente relevante em setores em rápida mudança, como o de serviços financeiros, cujos consumidores estão cada vez mais interagindo com as empresas por meio de dispositivos móveis.

Lidar com incompatibilidades

Na sua empresa existem pessoas incompatíveis com os cargos que ocupam? Quantas? Quando a incompatibilidade é significativa, a pessoa tende à insegurança, ainda que talvez não saiba como reagir. No entanto, é bem possível que reclame do trabalho e acabe drenando a energia de outras pessoas. Os melhores líderes empresariais reconhecem uma pessoa cujos talentos são incompatíveis com o cargo e seguem confiantes na tentativa de reverter esse quadro.

Enfrentar as incompatibilidades com eficácia e rapidez gera vantagem na execução. Porém, muitos empreendedores – inclusive alguns CEOs bem-sucedidos que conheci – não fazem isso. Ao longo dos anos, perguntei a muitos deles qual tinha sido o pior erro que cometeram ao gerir pessoas. A resposta mais comum? Esperar demais até precisar afastar um subordinado direto incompatível com o cargo.

EXECUÇÃO EM POUCAS PALAVRAS

Escrevi um best-seller com Larry Bossidy, o CEO aposentado da Honeywell, sobre execução eficaz. Não vou falar sobre o *Execução: A disciplina para atingir resultados* aqui, mas darei alguns breves conselhos sobre como trabalhar com eficiência:

1. Seja totalmente claro sobre seu objetivo.

2. Decomponha as metas em segmentos de tempo ("Isto será feito em uma semana; aquilo, em um mês") e marcos ("Saberemos que estamos na metade quando fizermos X").

3. Caso se depare com um obstáculo, peça ajuda.

4. Monitore o progresso com frequência e faça o acompanhamento.

A última coisa talvez seja a mais difícil: pessoas brilhantes detestam fazer o acompanhamento. Além de considerarem isso um ato de microgestão, julgam um tanto aviltante o fato de terem que verificar o trabalho dos subordinados.

Mas o acompanhamento é necessário para você se assegurar de que suas palavras foram bem entendidas e que o progresso vem sendo alcançado.

Com o crescimento da Intel, algumas pessoas não conseguiam atender aos requisitos dos cargos em constante evolução. Diante disso, a diretoria agiu de forma apropriada. Talvez o funcionário fosse mais compatível com um cargo em outro setor da empresa ou a Intel não fosse mais o lugar certo em que ele pudesse progredir. Assim, a diretoria da empresa, que estava em rápido crescimento, optou por certo grau de rotatividade. Se os líderes tivessem ignorado aquelas incompatibilidades, possivelmente hoje em dia não ouviríamos mais falar da Intel.

Então por que os líderes ignoram tanto o problema da incompatibilidade? Para evitar conflitos. Já soube de vários gestores que se prepararam para essas conversas e, quando chegou o momento, recuaram. É compreensível, mas errado.

Evitar conflitos prejudica a empresa e também o indivíduo incompatível. Os funcionários muitas vezes reclamam de insatisfação com os cargos que ocupam e atribuem isso ao descontentamento com o ambiente de trabalho. Às vezes o problema é mesmo esse. Mas se o motivo é o fato de o talento natural e a experiência de uma pessoa serem incompatíveis com os requisitos do cargo, isso costuma gerar um desespero real.

Quando convidam uma pessoa insatisfeita (incompatível) a deixar a empresa, com frequência ela se sente chocada ou triste com a notícia. No entanto, quando encontra uma empresa onde seu talento se enquadra, afloram a energia pessoal e o empenho com que se dedica, um combustível poderoso para o progresso.

Conheço uma pessoa, que chamarei de Paul aqui, que começou como vendedor em uma empresa global de 5 bilhões de dólares. Ele logo demonstrou talento para ser gerente, então foi promovido a gerente de vendas e acabou responsável por todas as vendas da empresa. Paul se importava de fato com as pessoas, conseguia obter o máximo delas e inspirá-las. Assim, graças ao seu sucesso, tornou-se diretor de operações não apenas de um departamento de vendas, mas de um país inteiro. De novo, prestou um excelente serviço. Dali, foi promovido para comandar as operações da empresa na Europa.

Esse contínuo sucesso chamou a atenção do CEO, que, um pouco mais tarde, deparou com um problema: uma divisão importante que crescera rapidamente por meio de aquisições estava começando a apresentar falhas. A pessoa responsável pelas transações não conseguia executá-las e, quando o prejuízo aumentou, precisou ser afastada. Então, o CEO pediu a Paul que assumisse a divisão problemática, um setor do qual ele nada entendia. Ele acabou aceitando o desafio. Aquele novo cargo seria a oportunidade de mostrar se possuía as qualidades necessárias para ser CEO da empresa um dia.

Embora estivesse entusiasmado com o desafio, Paul enfrentou dificuldades desde o princípio. A divisão precisava de alguém que entendesse de finanças, mas ele era expert em marketing e vendas. Seis meses depois de assumir o cargo, estava em apuros. Diante do escasso resultado de seus esforços, planejou mudar algumas pessoas e trazer consultores para a empresa. Afinal, não desistia fácil.

Nesse ínterim, a falta de êxitos vinha atraindo a atenção do chefe e Paul já estava perdendo as esperanças de se tornar um CEO. Ele perdeu a motivação. Sentindo que sua carreira corria risco, pediu demissão e assumiu o cargo de CEO de uma empresa de comércio on-line, área que, além de ele dominar, exigia todos os seus talentos naturais. A compatibilidade foi perfeita e sua confiança e energia logo retornaram. Paul me contou depois que se sentiu libertado porque encontrara um trabalho compatível com suas aptidões.

Outro executivo de uma empresa de 23 bilhões de dólares tinha um espírito independente. Tomava decisões com rapidez e seus subordinados o adoravam porque ele os apoiava plenamente, a menos que mostrassem não merecer mais sua confiança. Porém, os colegas de mesmo nível hierárquico e os chefes o julgavam desrespeitoso. Estava claro para eles que esse executivo achava que deveria estar no lugar do chefe para acabar se tornando um CEO e que, apesar de suas competências, ele era incompatível com a empresa. Quando ele foi ficando mais frustrado, chefes e colegas acharam seu comportamento ainda mais questionável.

Por fim, um caça-talentos o colocou como CEO de uma startup onde seus talentos naturais e impulso interior combinaram de forma perfeita. Em menos de três anos, ele desenvolveu a empresa, levando-a a ultrapassar em valor de mercado a empresa que havia deixado. Hoje, é um CEO de renome.

Coaching

As pessoas que têm bom desempenho num cargo também precisam de atenção. Um verdadeiro líder expande a capacidade desses funcionários, ajudando-os a canalizar seus talentos e desenvolver as habilidades para que avancem ao nível seguinte. Expandir a capacidade pode significar fornecer a alguém uma "tarefa desafiadora" que o ajudará a desenvolver uma competência nova ou a adotar uma perspectiva nova.

Como você se sentiria se alguém lhe desse um feedback positivo enquanto lhe fizesse sugestões específicas para desenvolver suas habilidades? Provavelmente pensaria que o chefe se importa com você, quer ajudá-lo a melhorar e ter sucesso. Enfim, você se sentiria motivado.

PERGUNTE

Nem toda empresa dispõe de um programa de aconselhamento ou coaching. Se é o caso da sua organização, peça que seja implementado. E, se a resposta for negativa, procure alguém mais velho e mais experiente para ajudá-lo a crescer.

Ouça seu feedback com o ego desligado. Lembre-se de que seus colegas de trabalho querem que você melhore.

A maioria das pessoas não gosta de ouvir críticas construtivas, mas as mais inteligentes aprendem com elas e, como consequência, expandem a própria capacidade.

Afirmo por experiência própria que funciona. E as pessoas que agem desse modo com os subordinados expandem a capacidade delas no processo.

Eu costumava ouvir falar de um sujeito que dirigia uma pequena divisão de plásticos em Massachusetts. Toda manhã de domingo, ele telefonava para seus subordinados diretos a fim de discutir alguma coisa que havia lido no *The New York Times* do dia. Usava esses telefonemas para estimular o intelecto de seu pessoal e expandir os horizontes deles. Depois de uns cinco domingos, no momento que ele ligava todos já tinham lido o jornal e discutiam sobre alguma matéria publicada. Assim criavam vínculos e ampliavam sua visão do negócio. O homem, por sinal, era o jovem Jack Welch em início de carreira na GE.

Talvez você considere a análise de desempenho anual um feedback, mas na realidade tais análises raramente resultam no desenvolvimento das pessoas. Quase sempre servem como um meio não só de comunicar uma mudança de salário baseada no desempenho do ano anterior, mas também de justificar uma promoção

– ou para explicar a falta de promoção ou a demissão de alguém. Isso *não* ajuda no crescimento e no desenvolvimento das pessoas.

Qual é a forma correta? Incentivar o uso dos pontos fortes da pessoa com feedbacks sinceros e diretos. Nada de amenizar os fatos.

Na verdade, todo encontro implica uma oportunidade de coaching, e quanto mais cedo, melhor. Um empreendedor estava no caminho certo para ser o CEO de uma grande empresa. Ele recebia aumentos anuais e os maiores bônus. Todos o achavam fantástico, inspirando as pessoas e sempre cumprindo os compromissos que assumia. Porém, quando a alta cúpula da empresa foi avaliá-lo, um dos diretores falou que havia no indivíduo uma falha fatal: a incapacidade de definir uma estratégia. Isso eliminou as chances dele de se tornar um CEO. Poucas pessoas já tinham percebido essa falha, mas pela primeira vez fora mencionada, e já era tarde demais. A alta cúpula concluiu que o sujeito não tinha a competência necessária para liderar a empresa. Para ele, seria bem melhor que tivesse recebido aquele feedback dez anos antes, quando dispunha de tempo para se desenvolver.

Às vezes, uma situação adversa cria a oportunidade para o coaching. Vou contar mais uma história sobre Jack Welch.

Welch, um mestre do coaching, transformou uma apresentação fracassada em uma experiência de aprendizado. CEO da GE na época, ele havia convidado um grupo de gerentes de nível médio para conversarem sobre a estratégia de comércio eletrônico da organização, nos primórdios das empresas pontocom. Quando um deles começou a apresentação, houve um problema no equipamento. Ali estava Welch, um CEO bastante exigente, diante de dez colegas.

O que o CEO fez? Welch imediatamente se reclinou na cadeira, olhou para o grupo e disse:

– Vamos discutir o que vocês fariam se isto ocorresse diante de um cliente.

Welch sabia que a pessoa havia ensaiado e se preparado para a apresentação e que aquilo poderia ter acontecido com qualquer um. Portanto, em vez de criticar o executivo por não ter verificado o equipamento da forma devida, criando assim uma situação negativa, optou por fazer as vezes de professor e coach.

Líderes autoconfiantes e seguros, cientes de que são responsáveis pelo desenvolvimento das pessoas, adoram dar "feedbacks reais", ou seja, dizer o que de fato pensam. Com frequência as pessoas hesitam, com receio ou de estar erradas ou de sofrer represálias. No entanto, a intuição geralmente está correta e a pessoa que está recebendo o feedback real vai melhorar com o tempo. Alguns argumentam que, apesar de esse coaching ser uma boa ideia, a cultura da empresa onde atuam jamais daria respaldo a esse tipo de procedimento. (Ver a caixa "Pergunte", na página 123.) Se for o seu caso, você pode mesmo assim começar a praticá-lo com três ou quatro pessoas que julgue receptivas.

Numa empresa global sem política de coaching, vi um jovem gerente do Uruguai sentar-se com as pessoas, uma a uma, dando-lhes sugestões que as ajudariam a melhorar. Na cultura desse rapaz, o feedback é visto como uma crítica, então não é fácil receber um. Mas ele se esforçou. E dava gosto ver o sentimento de gratidão das pessoas em relação ao homem. Ele recuperou financeiramente sua parte da empresa em seis meses, e com um desempenho tão bom que, depois de um ano, foi reconhecido como alguém que deveria ser observado e receber novas oportunidades de liderança. Talvez um dia se torne um CEO.

Coaching no lado do negócio

Com frequência, quando líderes tentam orientar alguém, focam somente no comportamento. Ele poderia ser menos abrupto? Conseguiria ouvir melhor? É bom fazer tais tipos de pergunta, mas não se esqueça do negócio. A pessoa consegue penetrar na complexidade dele? Está selecionando as prioridades certas? Está sendo específica? Executa?

A seguir, transcrevo uma carta que merece ser lida. É uma versão de uma carta real escrita por um CEO (vamos chamá-lo de Bob) de uma empresa de 10 bilhões de dólares para um chefe de divisão (que chamaremos de Tom). A empresa, líder de mercado nos Estados Unidos e mundialmente, tem uma boa remuneração do capital. A divisão de Tom está provavelmente entre as 25% melhores de todos os concorrentes. Bob escreveu a carta após reunir-se com Tom para avaliar seu pedido de orçamento.

31 de julho de 2015

Caro Tom,

Alguns pensamentos sobre sua proposta de orçamento.

Seu plano precisa lidar com vendas e preços menores. Por favor, leve sua equipe para a frente da curva. Não perca pedido algum. Sua divisão está em meio a uma mudança fundamental, que não é cíclica. A organização tentará fazer com que pareça temporária. Não permita. Não é.

Vamos alocar recursos em mercados que estejam crescendo. Falamos sobre o futuro, mas depois alocamos baseados no histórico. Isso precisa mudar.

Por falar em mudança, a divisão europeia necessita de uma mudança radical. A velha guarda ainda está ativa. Como podemos orientá-la para as metas da empresa em vez de para os feudos regionais? Vamos abandonar o antigo nome nacional e integrá-lo ao negócio total.

Sua linha de produtos básica precisa de energia e entusiasmo. Precisa ser operada como sua linha mais nova – produto por produto, líder por líder, estimulando os produtos novos. É complexa demais. Vamos simplificá-la. Um desafio e tanto.

Tom, 2016 vai ser seu ano mais difícil. Estou feliz de que esteja aqui.

Bob

O que se percebe na substância da carta? O que Bob julga estar faltando a Tom? Ele sugere que Tom não está vendo que a mudança no setor não é uma tendência passageira, mas fundamental e estrutural na empresa. O que vai acontecer se Bob não conseguir levar Tom a focar nessa mudança? Como isso se reflete no valor de Bob como CEO?

Existe um segundo aspecto que Bob levanta, ao indagar se Tom está dedicando recursos suficientes ao futuro. Quer que Tom olhe para a frente, não para trás. Bob não está apenas dando um tapinha nas costas do sujeito e dizendo-lhe "bom serviço", ou elogiando-o pelo bom desempenho no passado. É bem específico sobre o que precisa melhorar. E garanto que ele vai fazer o acompanhamento.

Ponha-se na pele de Tom. Você sabe que Bob o valoriza muito. A carta o estimularia a pensar? Deixaria você determinado a melhorar ainda mais? Ou o levaria a deixar a empresa?

Se você aceitasse o feedback de Bob, poderia encará-lo como um roteiro, um guia claro de como desenvolver sua carreira. Se discordasse, precisaria voltar para Bob e discuti-lo.

Agora leia a carta de acompanhamento, redigida seis meses depois:

23 de janeiro de 2016

Caro Tom,

Gostei de assistir à sua sessão semana passada. Acho que você mostrou energia real na sala.

E 2015 foi um bom ano para a sua divisão. Estoques, contas a receber e capital de giro melhoraram um pouco. Mas os resultados na Europa, que continuam desapontando, obviamente precisam ser corrigidos em 2016. Como posso ajudá-lo?

Ao olharmos para 2016, há várias coisas sobre as quais acho que você deve refletir:

- *Mercado global.* O potencial de mudança radical aqui é grande. Sua equipe está preparada para fazer uma mudança drástica na estrutura de custos?
- *Produtos de valor.* Enfatizamos suficientemente os produtos de valor? É para eles que os dólares de nosso programa devem ir – agora.
- *Fornecedores.* O programa de gestão de fornecedores deve permear a organização inteira e tornar-se um meio de vida. Certifique-se de que está definindo padrões suficientemente elevados.
- *Países em desenvolvimento.* Na Índia e na China existem 2 bilhões de pessoas e um mercado potencial gigantesco para nós. Espero que consigamos formular um plano no primeiro trimestre 100% dedicado a desenvolver esses mercados emergentes.

Por fim, Tom, do ponto de vista operacional, eu gostaria que você pensasse para 2016 em termos de um segundo ato total. A divisão está passando por uma imensa transição. Você precisa ser absorvido pelas oportunidades e pelos desafios que enfrentará. E pode desempenhar uma ótima liderança. Veja o copo meio cheio, não meio vazio.

Obrigado por ajudar a concretizar o projeto de gestão de fornecedores. Ele fará uma diferença real para toda a empresa em 2016.

Bob

Aqui no acompanhamento, o CEO está abordando ideias relativas à estrutura de custos, à linha de produtos, ao declínio das vendas e ao crescimento. Em meio a tanta complexidade, Bob apresenta uma lista curta de itens nos quais se concentrar. Não se perde em generalidades. Não emprega a palavra "estratégia". É bem específico. Passou meio ano e não se registrou muito progresso. O chefe está perguntando: "Como posso ajudá-lo?" Em outras palavras, acha que a ajuda é necessária.

Observe que o coaching de Bob nas cartas não trata de temas de caráter mais pessoal: como Tom pode interagir com as pessoas e os semelhantes. Concentra-se no negócio: a capacidade de Tom de enfrentar as realidades fundamentais e as necessidades da empresa. Bob está tentando ajudar Tom a desenvolver competências de negócios e julgamento sobre as pessoas.

Tal coaching com foco óbvio atua como uma verdadeira dádiva para o receptor. Talvez as cartas sejam duras demais, francas demais para colegas mais novatos receberem. Atenue a linguagem. Mas faça o coaching do negócio. Identifique um só traço do indivíduo cuja melhoria o impactaria positivamente e a empresa.

Coaching sobre o comportamento

Eis um exemplo específico do tipo de coaching que você pode propor sobre comportamento. Um indivíduo brilhante, trabalhador, dedicado e fiel de algum modo se sente constrangido – talvez "intimidado" seja uma palavra melhor – num grupo. A pessoa é bastante respeitada, mas, sob a pressão da dinâmica do grupo, não se sente forte a ponto de discordar. Portanto, concorda em fazer algo, mesmo sabendo perfeitamente que não irá fazê-lo, porque acredita que a decisão do grupo está errada. Cara a cara, é alguém aberto e honesto, expressando-se muito bem. Mas, no ambiente de grupo, não tem coragem de desafiar os outros, preferindo concordar com compromissos que não pode ou não quer cumprir. Esse tipo de pessoa sorri e assente, mas, assim que a reunião termina, rompe o acordo. Simplesmente não cumpre o que disse que fará.

Tal fraqueza debilita o indivíduo e o grupo. Leva as decisões a revisão e reformulação, o que retarda o progresso. Enfim, pode impedir o grupo de realizar as prioridades empresariais.

É papel do líder identificar essa fraqueza, ajudar o indivíduo a se conscientizar dela e orientá-lo sobre como superá-la.

Vejamos o exemplo de um CEO de uma grande empresa de tecnologia orientando um de seus subordinados diretos, novato no setor. O CEO redige uma carta repleta de elogios nas duas primeiras páginas antes de identificar áreas que precisam de melhorias:

Será importante que melhore seu desempenho nas duas áreas seguintes:

1. Deveria mergulhar mais fundo nos detalhes operacionais de suas unidades de negócios. Sejam os níveis de serviço, sejam os dispêndios de capital, você precisa conhecer o funcionamento interno de cada unidade e ser rigoroso ao cobrar a responsabilidade dos gerentes pelo bom desempenho. Embora tenha vindo de fora do setor, você aprende rápido. Uma base de conhecimentos mais consistente irá ajudá-lo.

2. Às vezes você é compassivo demais com as pessoas e aceita delas planos ou desempenhos que, na verdade, estão abaixo do padrão. Sempre mantenha seus padrões dentro ou acima do que precisamos realizar para nos impulsionarmos como uma empresa global de excelência.

O CEO diz basicamente que a pessoa está sendo boazinha demais, comportamento que compromete os resultados. Talvez esteja insegura porque ainda está conhecendo o setor. Talvez seja outro motivo. Não importa. O CEO está lhe pedindo que assuma o comando e responsabilize as pessoas. Conheço um empreendedor descrito como fabuloso, brilhante, um visionário, alguém muito empenhado. Mas o CEO lhe informou que não era "suficientemente tenaz" em reduzir os prejuízos. O que ele quis dizer? Talvez o gerente receasse admitir o fracasso e se aferrasse tempo demais a um negócio deficitário, ou talvez continuasse despejando dinheiro num projeto fracassado, ou talvez não estivesse encarando o fato de que uma pessoa que ele escolhera a dedo não correspondia às exigências do cargo. Talvez as três coisas. (E, é claro, se o alto executivo está inseguro, deveria pedir esclarecimentos ao CEO.) Mas estava óbvio que o CEO esperava que a pessoa fosse mais decisiva, e logo.

Se quem recebe o feedback faz a correção, o gerente – e a empresa – alcançará um desempenho melhor, produzindo vantagem na execução.

9

SINCRONIZAÇÃO

A sincronização expande a capacidade da organização.

Falar somente sobre os indivíduos não reflete plenamente a realidade de uma organização. Pense em sua experiência. O que falta depois da discussão sobre dominar os fundamentos dos negócios e a garantia de que o funcionário certo está no cargo certo?

A resposta? Todos os elementos que conectam as pessoas e lhes permitem avançar na mesma direção com um mínimo de atrito.

Para ter vantagem na execução e na rentabilidade, é fundamental que sincronize os esforços e associe-os às prioridades empresariais da organização.

Uma organização sincronizada é como uma equipe de um campeonato de remo – as pessoas agindo juntas ritmicamente conquistam mais como um grupo do que um indivíduo conquistaria sozinho.

> **A sincronização melhora toda a empresa. Alavanca os recursos já existentes e permite avançar com mais rapidez, elemento de vital importância hoje.**

Para um lojista cuja família trabalha com ele, a sincronização não representa um grande problema. Caso os filhos não tenham precisamente os talentos necessários ao negócio, em geral coordenam seus esforços com naturalidade. De forma semelhante, numa pequena organização todos sabem o que acontece. Ouvem-se mutuamente ao telefone, saem para almoçar juntos, conversam durante o dia; automaticamente se ajustam uns aos outros. E, se ocorre confusão, param e analisam juntos.

No entanto, à medida que uma organização cresce, com dezenas, se não centenas ou milhares de pessoas trabalhando juntas, a sincronização se torna um desafio maior.

É fácil entender o porquê; afinal, para dividir responsabilidades, as empresas implementam uma estrutura organizacional formal e, no momento em que tal estrutura é criada, as interações sociais mudam. Com frequência, o fluxo de informações de uma parte da organização para outra fica obstruído ou distorcido. Assim, quanto maior é a empresa, maior é a dificuldade que as pessoas enfrentam para compartilhar informações, chegar a um acordo e ajustar suas prioridades. Com isso, a tomada de decisões fica mais lenta e a vantagem na execução se reduz.

Um cenário bem comum

Vou dar um exemplo. Se você trabalha numa grande empresa, o cenário seguinte lhe soa familiar?

Em uma reunião de revisão trimestral, um colega apresenta uma proposta gigantesca de um grande investimento em um produto novo, e, quando termina, a sala se mantém em silêncio. As pessoas olham para a esquerda, para a direita ou para baixo aguardando que alguém inicie a discussão. No entanto, ninguém quer comentar – ao menos não enquanto o chefe não mostrar para que lado se inclina.

Por fim, o CEO rompe o silêncio e faz umas poucas perguntas ligeiramente céticas para mostrar interesse, mas é óbvio que ele decidiu apoiar o projeto. Em pouco tempo, os demais participantes começam a entrar na conversa, atentando-se a fazer comentários positivos. Parece que todos na sala apoiam a ideia.

No entanto, as aparências às vezes enganam. O chefe de outra divisão teme, em silêncio, que o produto novo retire recursos de sua operação. O vice-presidente de fabricação julga a previsão de vendas para o primeiro ano exageradamente otimista e receia ficar com um depósito repleto de produtos não vendidos. Todos, porém, mantêm suas objeções para si e a reunião termina.

Nos meses seguintes, o projeto sofre prejuízos durante uma série de avaliações de estratégia, orçamento e operacionais. Embora não se saiba ao certo quem é responsável por isso, torna-se evidente que a verdadeira sensação na sala naquele dia foi o contrário do aparente consenso.

Em minha carreira como consultor de grandes organizações e de seus líderes, testemunhei muitas ocasiões, inclusive nos níveis mais altos, em que mentiras silenciosas aliadas a uma falta de fechamento levaram a decisões falsas – "falsas" porque acabam anuladas por fatores velados e inação. Isso ocorre porque as pessoas incumbidas dos contatos e das ações em uma decisão não se envolvem nem se conectam por se sentirem intimidadas pela dinâmica de hierarquia do grupo e constrangidas pela formalidade e pela falta de confiança. Desse modo, há uma falta de sincronização, isto é, essas pessoas não agem decisivamente – ou nem mesmo agem.

A falta de sincronização esclarece o motivo de tantos pequenos lojistas e fornecedores nunca se expandirem, afinal eles não sabem como criar mecanismos que reúnam as pessoas de forma significativa, ao mesmo tempo que aumentem suas capacidades individuais e desenvolvam a capacidade total da empresa.

A falta de sincronização pode impedir uma grande empresa de avançar com eficácia. Atualmente, se você não está crescendo e reagindo rapidamente às condições mutantes, sua empresa corre sério risco de ficar para trás.

> **Algumas pessoas não conseguem se decidir. O mesmo vale para certas empresas – e, como resultado, o desempenho é prejudicado.**

Uma vantagem na execução implica mecanismos que sincronizem os contribuintes individuais, o que chamo de "mecanismos de operação social", os quais são cruciais se você almeja ganhar uma vantagem na execução.

Mecanismo de operação social do Walmart

Este exemplo clássico de um mecanismo de operação social permanece um dos melhores que já vi. Isso, porém, talvez não surpreenda, afinal foi criado por um dos maiores varejistas que já viveram: Sam Walton.

No início da década de 1990, de segunda a quarta-feira, durante todas as semanas, em torno de 30 gerentes regionais saíam para visitar nove lojas Walmart e seis lojas da concorrência em dado mercado, onde reuniam uma cesta de produtos e comparavam os preços. O Walmart visava oferecer preços ao menos 8% menores aos cobrados pelos grandes concorrentes na área e aquelas visitas constituíam um meio de descobrir se essa meta estava sendo cumprida.

Os gerentes regionais, porém, examinavam não apenas as etiquetas de preços, mas também as mercadorias, sua apresentação, quais consumidores compravam, qual era o aspecto das lojas, a ambientação, quais práticas novas os concorrentes vinham usando e como os funcionários se comportavam.

Voltemos aos fundamentos. Recorde nossa conversa sobre consumidores: quem são e o que compram. Avalie isso via análise competitiva, o que no Walmart acontecia constantemente.

Observe quantos níveis de pessoas existem no Walmart entre os gerentes regionais e o nível da loja onde ocorre a ação: zero. Qual é o valor de zero nível de informações? Velocidade e qualidade. O atraso é zero. Zero filtro. Distorção zero. E o que ocorre com a apuração dos sentidos? A habilidade aumenta com a prática, e o pessoal no Walmart praticava muito.

Nas manhãs de quinta-feira, Sam Walton realizava uma sessão de quatro horas com um grupo de aproximadamente 50 gerentes, entre os quais estavam os gerentes regionais que visitavam as lojas, compradores, pessoal de logística e pessoal de publicidade. Caso concluíssem nessas reuniões que a região do noroeste do Pacífico precisava de 100 mil dúzias de suéteres adicionais nas prateleiras até terça-feira e que o mesmo produto não estava tendo saída no nordeste porque não fizera frio suficiente, os estoques eram ajustados.

Assim, percebe-se o que acontecia: informações eram trocadas e integradas, tomavam-se decisões e todo participante obtinha um quadro total do negócio e uma noção da concorrência que não passavam de uma semana. As pessoas agiam com base em informações não filtradas, coletadas diretamente de consumidores e funcionários de linha de frente. Com isso, o Walmart era e continua sendo uma empresa realmente voltada para o consumidor.

O mecanismo de operação social de Sam Walton elevou suas prioridades do nível dos 15 mil metros para o nível do solo, onde a sincronização deveria ocorrer. Ao mesmo tempo, a cobrança de responsabilidade estava embutida, assim, quem não participava prontamente da discussão – talvez por não estar preparado – tornava-se visível a todos ali.

Não conto essa história para que você copie o mecanismo de operação social do Walmart, mas para que descubra por si mesmo onde o compartilhamento de informações e a tomada conjunta de decisões são críticos e projete mecanismos de operação social adequados à sua empresa.

Projete mecanismos próprios de operação social

Pense em como você sincroniza e integra seus esforços com outras pessoas no trabalho. Há chances de que você faça grande parte disso via reuniões; no entanto, como um mecanismo de operação social, a maioria das reuniões é fraca, pois, em geral, as pessoas erradas comparecem, o diálogo é improdutivo, falta liderança, não se toma qualquer decisão e não existe seguimento.

Descubra um meio melhor. Faça o trabalho primeiro do lado do negócio. Defina as prioridades. Então, sim, dedique tempo a projetar um mecanismo de operação social, seja uma teleconferência ou um encontro de 15 minutos, no qual as informações fluam e as pessoas certas falem. Ao projetar o seu mecanismo de operação social, tenha em mente o do Walmart, assim tornará as informações transparentes a todos os participantes, com zero filtro e com certa frequência.

Uma reunião bem projetada se constitui em um mecanismo de operação social, bem como algo simples, tal qual uma carta ou um relatório do CEO, que abra o fluxo de informações e crie comportamentos novos. Certa vez trabalhei com uma empresa cujo novo CEO sabia que, embora os funcionários em uma de suas fábricas fossem capacitados e bem-intencionados, a empresa não vinha lucrando naquela unidade. Retrabalho e altos custos estavam destruindo a unidade de negócios. Assim, em seus primeiros 30 dias no cargo, o CEO incorporou um plano de participação nos lucros e certificou-se de que todos haviam entendido como funcionava. Em seguida, começou a emitir relatórios semanais sobre os três itens que mais geravam despesas: o número de empregados, a quantidade de retrabalho e a porcentagem de produtos danificados.

O chefe da fábrica, um veterano com 30 anos de empresa, ao ver os relatórios, chocou-se e disse: "Eu não sabia que não estávamos ganhando dinheiro. Posso reduzir os custos pela metade se você permitir." O funcionário apresentou suas ideias, e elas faziam sentido. Assim, quatro meses depois, a fábrica havia se tornado rentável. Os relatórios semanais proporcionavam a todos uma visão conjunta do negócio e ajudavam a canalizar a energia humana da empresa para as prioridades empresariais.

Como projetar mecanismos de operação social é uma tarefa da liderança, não do departamento de recursos humanos, é necessário usar a criatividade e encarar como um desafio pessoal. Então preste atenção à natureza do diálogo que ocorre dentro desses mecanismos, aplicando as diretrizes do quadro "A essência do diálogo", na página 143.

Liderar pelo diálogo

Depois de reunir as pessoas certas na sala ou por videoconferência, como fazer com que todas falem a mesma língua? Com diálogo. Conversem honestamente uns com os outros, sem agendas ocultas como aquelas vistas no exemplo anterior. Por meio da conversa, é possível compartilhar informações, desafiar pressupostos e trazer discordâncias à tona.

Isso significa que a qualidade do diálogo determina como as pessoas se reúnem e processam as informações, como tomam decisões e como se sentem não apenas umas em relação às outras, mas também ao resultado das escolhas ou decisões tomadas. À medida que as pessoas estimulam a imaginação e se baseiam nos comentários das demais, o diálogo pode levar a ideias novas, bem como acelerar a tomada de decisões, o que representa uma vantagem competitiva.

O diálogo é o fator individual mais importante subjacente à produtividade e ao crescimento do trabalhador com conhecimento; afinal, o tom e o teor do diálogo moldam os comportamentos e as crenças das pessoas – ou seja, a cultura corporativa – mais rápida e permanentemente do que qualquer sistema de recompensas, mudança estrutural ou declaração de visão que já vi.

Então, como se cria o tipo certo de diálogo?

Pratique aproveitando cada encontro com colegas de equipe e outros funcionários como uma oportunidade para modelar o tipo de diálogo aberto, honesto e decisivo que você quer que ocorra. Diga o que de fato está em sua mente e solicite aos outros que também digam, fazendo-lhes perguntas não ameaçadoras. Pedir a alguém que esclareça sua ideia, por exemplo, extrairá seu pensamento. Não deixe de ouvir e não julgue a qualidade do comentário sem pensar. Desse modo, você ajuda a definir o tom para toda a organização, ainda que não esteja no comando.

O diálogo honesto e direto, praticado sistematicamente nos mecanismos de operação social, criará linhas claras de responsabilidade para se alcançar e executar decisões. Além disso, por meio do diálogo é possível dar feedback, reconhecer ótimos desempenhos, redirecionar os comportamentos daqueles que bloqueiam o progresso da organização e orientar aqueles em dificuldades. A seguir apresento um exemplo.

Certa vez, o chefe da maior unidade de negócios de uma multinacional norte-americana fazia uma apresentação estratégica para o CEO e alguns de seus altos executivos. Parecendo confiante, ele expôs a estratégia que levaria sua divisão, na época no terceiro lugar, para o primeiro na Europa. Sem dúvida, um plano ambicioso que dependia de aumentos rápidos e volumosos de participação no mercado alemão, sede do maior concorrente da empresa, com o dobro do tamanho de sua divisão.

O CEO elogiou o chefe da unidade pela apresentação inspiradora e visionária, iniciando então um diálogo para testar a viabilidade do plano.

– Como exatamente você pretende obter esses ganhos? – perguntou. – Quais outras alternativas você examinou? Quais clientes planeja atrair? Como definiu as necessidades dos clientes de formas novas e singulares?

O gerente da unidade ainda não havia pensado nessas questões.

– Tenho mais umas perguntas – disse o CEO. – De quantos vendedores você dispõe?

– Dez.

– De quantos dispõe seu maior concorrente?

– Cinquenta – foi a resposta encabulada.

O chefe continuou pressionando:

– Quem dirige a Alemanha para nós? Ele não estava em outra divisão até uns três meses atrás? Qual é a familiaridade dele com o mercado?

Se o diálogo terminasse nesse momento, o CEO teria apenas humilhado e desencorajado aquele chefe de unidade, enviando, então, uma mensagem aos demais participantes de que os riscos de pensar grande eram inaceitavelmente altos. O CEO, porém, não estava interessado em destruir a estratégia e desmoralizar a equipe, mas, sim, em, por meio da orientação via questionamento, injetar certo realismo no diálogo. Falando de forma incisiva, mas não zangada nem grosseira, informou ao gerente da unidade que ele precisaria de mais do que apenas ousadia para enfrentar o poderoso concorrente alemão em seu território.

– Em vez de um ataque frontal – o CEO sugeriu –, por que não procurar os pontos fracos do concorrente? Onde estão as lacunas na linha de produtos dele? Você conseguiria preenchê-las com alguma inovação? Quais são os mais prováveis clientes de tal produto? Por que não se concentrar neles? Em vez de buscar ganhos de participação no mercado em geral, não faria mais sentido tentar ressegmentar o mercado?

De repente, o que parecera um beco sem saída se transformou em novas ideias e um novo caminho à frente. A reunião terminou com a promessa do gerente de que em 90 dias retornaria com uma alternativa mais realista. Para garantir isso, o CEO utilizou-se de uma nota manuscrita de uma página na qual sintetizou a reunião e propôs algumas datas três meses depois para continuarem a discussão. Mesmo com a proposta estratégica peremptoriamente rejeitada, o gerente deixou a sala sentindo-se energizado, desafiado e com um foco mais aguçado.

Pense no que aconteceu. Embora aquilo talvez não tivesse sido óbvio de início, o CEO não pretendia afirmar sua autoridade ou humilhar o executivo, mas, sim, assegurar que realidades competitivas não fossem minimizadas. Ele não desafiava a estratégia proposta por motivos pessoais, mas por razões de negócios. Além disso, queria orientar os participantes sobre a visão de negócios *e* a arte de fazer as perguntas certas.

O diálogo afetou as atitudes e os comportamentos dos presentes de duas maneiras: uma sutil e outra menos sutil. As pessoas saíram do encontro sabendo que deveriam buscar oportunidades em lugares não convencionais – bem como estar preparadas para responder aos inevitáveis questionamentos severos. Além disso, também sabiam que o CEO estava do lado delas e sentiram-se mais convencidas da possibilidade do crescimento.

Houve ainda algo a mais: todas elas começaram a adotar a abordagem do CEO.

Quando, por exemplo, o chefe da unidade alemã se reuniu com o alto escalão para informá-lo da nova abordagem ao seu mercado, as perguntas que fez ao chefe de vendas e ao chefe de desenvolvimento de produtos foram incisivas, precisas e visando pôr em ação a nova estratégia. Ele havia incorporado não apenas o estilo do chefe de se relacionar com os outros, mas também sua forma de obter, filtrar e analisar informações – estilo que seu chefe aprendera com o CEO. Com isso, a unidade inteira tornou-se mais determinada e energizada.

A ESSÊNCIA DO DIÁLOGO

A execução melhora quando o diálogo nos mecanismos de operação social é marcado por quatro características: abertura, franqueza, informalidade e fechamento.

Abertura significa um resultado não predeterminado. Há uma busca honesta por alternativas e descobertas novas, de modo que perguntas como "O que não estamos percebendo?" atraem as pessoas e sinalizam a disposição do líder de ouvir a todos, criando um ambiente seguro para se analisarem ideias novas e se repensarem as antigas.

Franqueza é ligeiramente diferente. Constitui uma disposição de dizer o indizível, de denunciar compromissos não cumpridos, de exprimir os conflitos que solapam o consenso aparente. Significa que as pessoas expressam suas opiniões reais, não o que acham que os participantes da equipe devem dizer. A franqueza ajuda a eliminar as mentiras silenciosas e os vetos velados que ocorrem quando as pessoas concordam com aquilo que não pretendem fazer, impedindo o retrabalho e a revisão de decisões desnecessárias, que prejudicam a produtividade.

A formalidade suprime a franqueza; a *informalidade* a encoraja. Quando apresentações e comentários são rígidos e pré-embalados, sinalizam que a reunião ocorreu de modo minuciosamente roteirizado. A informalidade causa o efeito oposto. As pessoas sentem-se mais à vontade fazendo perguntas e reagindo honestamente. A espontaneidade é energizante.

Se a informalidade relaxa a atmosfera, o *fechamento* impõe disciplina; significa que, ao final da reunião, do telefonema ou da interação pessoal, as pessoas sabem exatamente o que se espera delas. Ao atribuir responsabilidade e prazos, o fechamento produz determinação, e a falta dele, aliada a uma ausência de sanções, constitui o motivo básico da indecisão e da inação.

Um mecanismo de operação social robusto sistematicamente ostenta essas quatro características.

PARTE IV

SUA AGENDA PESSOAL

10

SUA PARTE NO QUADRO GERAL

Eis o que você precisa fazer agora.

A esta altura, você já deve estar fluente na linguagem universal dos negócios, empregando à vontade (e entendendo) termos como "caixa", "giro de estoque", "crescimento rentável" e "satisfazer os clientes". Qualquer que seja seu cargo, é necessário ter não apenas uma visão de lojista do negócio total da empresa, mas também de como a rentabilidade é valorizada pelo mercado de ações (caso sua empresa seja uma sociedade anônima) e pelas empresas que poderiam demonstrar interesse em adquirir (ou ser adquiridas por) sua organização.

Talvez seu objetivo ao ler este livro seja se tornar um líder de negócios. Como, então, empregar o conteúdo aprendido para aperfeiçoar a empresa, tendo em mente os clientes, a geração de caixa, o retorno sobre o capital investido e o crescimento? Como obter resultados aproveitando a energia intelectual de cada indivíduo?

Vincule suas prioridades ao quadro geral. Se atua na área de recursos humanos, por exemplo, ajude as pessoas a irromper de seus feudos e coordenar esforços com funcionários de outras áreas da empresa a fim de assegurar que as pessoas certas ocupem os cargos certos; afinal, ter pessoas inadequadas ocupando determinado cargo pode causar um efeito tremendamente danoso sobre os fundamentos dos negócios.

Se você trabalha com tecnologia da informação, talvez consiga criar vínculos com clientes e fornecedores a fim de que a empresa colabore com mais facilidade. Caso atue como advogado interno, manter-se atualizado sobre as mudanças legislativas globalmente e ficar alerta para novas oportunidades que talvez surjam como resultado é muito importante. Aqueles nas finanças podem ajudar em várias decisões – se vale a pena acrescentar capacidade, como aperfeiçoar a precificação para melhores margens, onde aplicar melhor o caixa, etc. – fornecendo informações precisas e pontuais. As finanças também podem colaborar na hora de analisar as oportunidades de crescimento mais promissoras.

Desse modo, espero que você esteja convencido de que apenas sua excelência profissional não basta; é necessário, assim como o vendedor ambulante, pensar do mesmo modo que um empreendedor.

Se o fizer, sua perspectiva funcional ou departamental se expandirá e você será capaz de enxergar o negócio como um todo. Em consequência, seu pensamento se tornará mais criativo e você se sentirá fortalecido para questionar, sem medo da hierarquia ou de constrangimentos, durante as reuniões. Peça à liderança de seu grupo que promova discussões sobre as leis universais dos negócios, os elementos básicos abordados a todo momento nesta obra.

Talvez você abra novos caminhos ao apresentar uma ideia inédita relacionada com o negócio total, ou talvez consiga auxiliar apenas reenquadrando um problema, trazendo à tona os pressupostos subjacentes e desafiando-os.

Veja um exemplo do que significa reenquadrar um problema.

Digamos que você trabalhe para uma empresa automobilística que necessita reduzir custos no modelo do próximo ano. Ponha seu chapéu de empreendedor e se pergunte: "É possível eliminar componentes pouco valorizados pelos clientes a fim de reduzir o custo?" Inversamente, indague quais necessidades dos clientes não são atendidas e analise, caso atenda a elas, se será criado um valor que permita aumentar os preços. Em caso positivo, como seriam afetados o volume e a utilização da capacidade de fabricação? Sempre observe as situações de diferentes pontos de vista para tentar aumentar as opções de ganhar dinheiro.

Avalie o negócio total

Toda empresa enfrenta desafios. Comece certificando-se de que você conhece os que sua organização enfrenta.

- Quais foram as vendas da empresa durante o último ano?
- Elas estão aumentando, diminuindo ou se mantêm estáveis? Qual é sua opinião sobre esse quadro de desempenho?
- Qual é a margem bruta da empresa? Está aumentando, diminuindo ou estável?
- Como se compara sua margem com a dos concorrentes?
- Você conhece a velocidade dos estoques da empresa?
- Conhece as contas a receber da empresa?
- Quais são os maiores clientes da empresa?
- Qual é o retorno sobre o capital investido da empresa?
- A geração de caixa da empresa vem aumentando ou diminuindo? Por que está nessa direção?
- A empresa está ganhando ou perdendo da concorrência em termos de participação no mercado, lucratividade, etc.?

Retroceda e obtenha um quadro total da empresa. Sua avaliação corresponde ao que a alta direção tem dito? Há perguntas a serem feitas ou sugestões que você possa dar?

Penetre na complexidade

Agora pense no contexto mais amplo em que a empresa opera. Quais são as realidades externas? Faça uma lista do que poderia afetar a capacidade de ganhar dinheiro da empresa.

- Existe capacidade excessiva no setor?
- O setor está se consolidando?
- Vocês enfrentam concorrência de preços acirrada?
- Seu setor poderia ser afetado por flutuações cambiais ou mudanças nas taxas de juros (para cima ou para baixo)?
- Há concorrentes novos?
- De onde vem a inovação?
- O que está acontecendo no comércio eletrônico? Como pode afetar a empresa?

Há chances de que sua lista de considerações externas seja longa, e a complexidade, grande. Assim, decida quais fatores julga importantes. Alguns estão interligados? Existem certas tendências?

Não espere encontrar tais respostas facilmente. É preciso prática para compreender a complexidade e talvez você não disponha de todas as informações necessárias e precise pesquisá-las.

Antes de continuar a leitura, dedique uns momentos a descobrir alguns padrões ou tendências que julga importantes e anote-os:

1.

2.

3.

Forneça foco

Ao compreender a complexidade, se tornará claro o que está ocorrendo no mundo. Em seguida, é necessário definir três ou quatro prioridades empresariais para seu grupo, departamento ou unidade de negócios. Como combiná-las visando aumentar a entrada de dinheiro?

Alguns de vocês talvez tenham a capacidade intelectual para compreender a complexidade, mas são indecisos ou temem estar errados, sentindo-se tentados a dizer: "Não é melhor esperar até que todos os fatos estejam disponíveis e o quadro fique mais nítido?" Eis o problema: a aposta está feita, mesmo que você não a faça! Ou seja, ao optar por manter tudo igual, você está escolhendo o *status quo*. Assim, ao decidir não decidir, você tomou uma decisão, optou por manter as coisas como estão.

Tenha coragem e convicção para fornecer foco à sua área. Decida o que seu departamento, divisão ou unidade de negócios precisa fazer e o que deve deixar de ser feito. Defina as prioridades empresariais tendo em mente que elas não podem ser excessivas, ou alteradas a toda hora, e que é necessário comunicá-las de forma explícita e repetitiva. Além disso, lembre-se de que essas prioridades precisam ser coerentes e estar alinhadas às metas da empresa.

Se você dispõe de boas habilidades e compreensão de negócios – e, é claro, se esforça sempre para melhorá-las –, entenderá por que determinada combinação de prioridades empresariais atrairá dinheiro.

> Não se empolgue com visões grandiosas do que deseja realizar. Seja capaz de explicar o que precisa fazer em termos claros e simples, e explique como isso melhorará a rentabilidade.

Aplique tanto seu bom senso quanto seu senso de negócios. Você se surpreenderá com a quantidade de boas ideias que consegue gerar. Anote suas prioridades empresariais aqui:

1.

2.

3.

Ajude as pessoas a se expandirem e sincronizarem

Leve em conta os indivíduos subordinados a você e os outros com quem você interage na vida profissional diária. Não é necessário ser um alto executivo para desenvolver os talentos dos outros e compatibilizá-los com o cargo, ou para projetar mecanismos de operação social que aperfeiçoem a atuação de grupos de pessoas. Encontre meios de compartilhar informações não filtradas simultaneamente e trazer os conflitos à tona.

- Reflita sobre a compatibilidade entre os cargos e os indivíduos supervisionados por você: quais são os dois ou três requisitos não negociáveis do cargo agora e daqui a dois anos? (Limitar o foco é importante por dois motivos. Primeiro, 24 meses é um período de tempo previsível, mas, depois disso, torna-se extremamente difícil prever o que ocorrerá. E segundo, caso você vá além de dois anos, corre o risco de dizer que é muito tempo para pensar a respeito e, assim, acabará não agindo.)

- Quais são as duas ou três coisas que você consideraria como talentos naturais e tendências da pessoa?
- Qual é o grande ponto cego da pessoa que poderia impedi-la de continuar crescendo?
- Como você pode ajudar a orientar essa pessoa?

Em seguida, concentre-se num grupo de trabalho, numa equipe ou na organização como um todo e pergunte:

- Qual é a velocidade da tomada de decisões? Sim, você quer avançar rápido, mas sua mãe estava certa: se reduzir a troca de informações e ideias, a pressa é inimiga da perfeição. Uma decisão rápida sem as informações certas é invariavelmente errada.
- Qual é a qualidade das decisões do grupo? Ele procura um consenso de 100% ou um acordo de 80%? Se você visa a um consenso de 100%, sempre reduzirá a decisão ao menor denominador comum, e há dois pontos inadequados nisso. Primeiro, será preciso muito tempo para chegar a esse consenso e, durante esse período, um concorrente poderá ultrapassar você. Segundo, invariavelmente você acabará com uma decisão diluída. Mais vale obter um acordo de 80% e depois convencer os demais 20% a aderirem.
- As decisões "pegam" ou costumam ser revisadas e reformuladas?
- As pessoas acham as reuniões construtivas e energizantes ou destrutivas e drenadoras de energia?

Como ser um líder

Se sua intenção é se tornar um líder na organização, precisa concentrar-se nestas áreas: foco empresarial, desenvolvimento da melhor equipe possível e sincronização.

Seja um líder da empresa. Com o domínio e a premência de um vendedor ambulante, selecione os três itens em que você e seus subordinados deveriam se concentrar. Não ataque em todas as frentes, não mude constantemente de ideia e não fuja do desafio. Torne as prioridades conhecidas repetindo-as com frequência.

Seja um líder de pessoas. Para desenvolver uma organização capaz de executar as prioridades empresariais, não aja apenas como o vendedor ambulante. Encontre as pessoas certas para os cargos e assuma a responsabilidade pessoal por liberar a energia e expandir as habilidades dessas pessoas, desenvolvendo nelas a visão de negócios ao longo do caminho. Caso a aptidão ou atitude de alguém atrapalhe a execução, aborde o problema.

Sincronize a organização. Vincule os esforços das pessoas às prioridades empresariais ao mesmo tempo que cria mecanismos de operação social que aumentem o fluxo de informações e coordenem o trabalho das pessoas. Além disso, torne o grupo mais decisivo e desenvolva a equipe.

Comece pelo princípio. Retorne à sua primeira experiência nos negócios, quando você entendia sobre entregar jornais, vender limonada, ser babá, trabalhar como garçom ou garçonete, ou o que quer que você fizesse para ganhar dinheiro. Expanda sua visão de negócios praticando-a em situações mais complexas e não sinta medo de cometer erros e aprender com eles. É importante fazer julgamentos que reflitam a visão de negócios – ou seja, a esperteza de rua – e compartilhar seus conhecimentos.

Não transforme este livro em um mero exercício intelectual. Antes de fechá-lo, comece a pensar em termos concretos. Esteja preparado para responder à pergunta: "O que você fará para ajudar a empresa a ganhar dinheiro nos próximos 60 a 90 dias?"

Que a empolgação comece!

AGRADECIMENTOS

Este livro, na realidade, pertence a meus irmãos e primos, que praticavam as leis universais dos negócios mesmo sem o benefício da educação formal, e aos muitos lojistas, tanto em aldeias na Índia quanto em outros países, que se utilizam da visão de negócios diariamente na vida. Devo a eles meu aprendizado real, bem como a alguns dos melhores CEOs do mundo. Sou grato a Jack Welch, Larry Bossidy, Ivan Seidenberg e muitos outros líderes consagrados que me permitiram conhecer o funcionamento de suas mentes empresariais. CEOs como Tadashi Yanai, no Japão, e Ning Tang, na China, provam, acima de qualquer dúvida, que os fundamentos dos negócios transcendem as fronteiras geográficas.

Sou especialmente grato a Jac Nasser, ex-presidente da BHP Billiton, por me encorajar a escrever a primeira versão deste livro como um dispositivo de ensino na época em que ele atuava como CEO da Ford.

Sou também grato a dois esplêndidos editores cujo entusiasmo e apoio editorial hábil originaram este livro. John Mahaney, ex-editor na Crown Business, não apenas me encorajou a escrever a primeira edição deste livro uns 16 anos atrás como também orientou o desenvolvimento de seu conteúdo. Roger Scholl, também da Crown, reconheceu que, embora os princípios universais dos negócios sejam atemporais, algumas mudanças na paisagem dos negócios justificavam uma edição atualizada. Ele foi fundamental para moldar a versão atual.

Paul B. Brown, usando de suas habilidades de redação capazes de garantir total clareza para o leitor, assegurou que as ideias fossem compreendidas com facilidade. Ele habilmente incorporou o material novo, assegurando uma experiência de leitura fluida. Geri Willigan, meu colaborador de longa data que trabalhou comigo na primeira edição da obra, deu, mais uma vez, contribuições editoriais significativas a esta versão.

Também quero estender meu reconhecimento a Cynthia Burr e Jodi Engleson, as pessoas no meu escritório responsáveis por manter minha vida profissional nos trilhos, ajudando-me a realizar projetos como este. Sou grato por suas competência e cortesia diárias.

Enfim, agradeço aos que continuamente tentam aprender e se esforçam por toda parte, buscando sempre aprofundar os conhecimentos, melhorar as organizações e tornar este mundo um lugar melhor e mais próspero para todos.

CONFIRA OUTRO LIVRO DE RAM CHARAN

Pipeline de liderança
com Stephen Drotter e James Noel

Ter líderes capacitados em todos os níveis de uma organização é fundamental para o sucesso a longo prazo. Mesmo assim, em muitas empresas é comum que o pipeline de liderança – a arquitetura interna para o desenvolvimento de gestores – esteja comprometido ou nem sequer exista.

Nesta edição revista de *Pipeline de liderança*, Ram Charan, Stephen Drotter e James Noel ampliaram o conteúdo para incorporar os desafios do mundo de hoje.

Com base no trabalho realizado em mais de 100 empresas ao longo de 10 anos, eles compartilham o aprendizado obtido desde a publicação da primeira edição e oferecem seu modelo testado e comprovado para construir e desenvolver planos de carreira, planejar sucessões e formar líderes.

O livro inclui dúvidas dos leitores e novas histórias, com casos bem-sucedidos de transição e também as soluções para possíveis problemas na implantação das mudanças. E mostra como um pipeline obstruído pode comprometer toda a gestão de uma empresa, com impacto significativo na rotatividade e nos resultados.

CONHEÇA ALGUNS DESTAQUES DE NOSSO CATÁLOGO

- Augusto Cury: Você é insubstituível (2,8 milhões de livros vendidos), Nunca desista de seus sonhos (2,7 milhões de livros vendidos) e O médico da emoção
- Dale Carnegie: Como fazer amigos e influenciar pessoas (16 milhões de livros vendidos) e Como evitar preocupações e começar a viver
- Brené Brown: A coragem de ser imperfeito – Como aceitar a própria vulnerabilidade e vencer a vergonha (900 mil livros vendidos)
- T. Harv Eker: Os segredos da mente milionária (3 milhões de livros vendidos)
- Gustavo Cerbasi: Casais inteligentes enriquecem juntos (1,2 milhão de livros vendidos) e Como organizar sua vida financeira
- Greg McKeown: Essencialismo – A disciplinada busca por menos (700 mil livros vendidos) e Sem esforço – Torne mais fácil o que é mais importante
- Haemin Sunim: As coisas que você só vê quando desacelera (700 mil livros vendidos) e Amor pelas coisas imperfeitas
- Ana Claudia Quintana Arantes: A morte é um dia que vale a pena viver (650 mil livros vendidos) e Pra vida toda valer a pena viver
- Ichiro Kishimi e Fumitake Koga: A coragem de não agradar – Como se libertar da opinião dos outros (350 mil livros vendidos)
- Simon Sinek: Comece pelo porquê (350 mil livros vendidos) e O jogo infinito
- Robert B. Cialdini: As armas da persuasão (500 mil livros vendidos)
- Eckhart Tolle: O poder do agora (1,2 milhão de livros vendidos)
- Edith Eva Eger: A bailarina de Auschwitz (600 mil livros vendidos)
- Cristina Núñez Pereira e Rafael R. Valcárcel: Emocionário – Um guia lúdico para lidar com as emoções (800 mil livros vendidos)
- Nizan Guanaes e Arthur Guerra: Você aguenta ser feliz? – Como cuidar da saúde mental e física para ter qualidade de vida
- Suhas Kshirsagar: Mude seus horários, mude sua vida – Como usar o relógio biológico para perder peso, reduzir o estresse e ter mais saúde e energia

sextante.com.br